JN213892

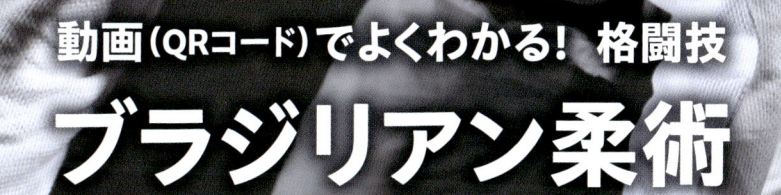

動画（QRコード）でよくわかる！ 格闘技

ブラジリアン柔術

動画サイトでは公開されない
本当に必要な技術

過去、出版業界をはじめとするメディアがブラジリアン柔術の「技術教則」を編纂することは、至難を極めた。なにせ、この競技において使われる技術を全般的に解説したら、書籍にして1000ページは要するだろう。むろん、そんなアイテムをつくったところで高額商品にせざるを得なくなり、頒布には繋がらない。

それゆえ、各メディアがどんな技術解説を行ってきたかといえば「ひと通りのポジションでの基礎的な技の手順を（あまり深くは掘り下げず）羅列する」あるいは「解説者の得意技についてのみ論じる」といったものが主であり、一方で、インターネット上には、見栄えの良いアクロバティックな技術のショート動画ばかりが溢れている現状がある。

そして、多くのビギナーたちは、それら媒体の購読・視聴を通じて、さまざまな技の「表面的なかたち」や「複雑・高度な展開」の模倣に時間を割いたあげく、いざ、試合に挑んでみれば、タップを奪うのは遠い夢、パスガードやスイープでポイントを挙げることもできず、クローズガードを割れるか・割らせないかの攻防に終始し、アドバンテージ差やレフェリー判定で敗れ「あれ？　こんなはずでは……」と悲しい思いを重ねている。

そこで引き算で考えた。教則メディアに対する最大のニーズが「競技における勝利にタイパよく繋がる方法の提示」にあるならば、何を解説"しない"べきなのか？　概ね勝敗の行方が決したマウントポジションやバックマウントなどからのフィニッシュ法・脱出法を端折り「互いが互角の段階で、相手に崩されず、自分が局面を打開するための技術原理」に特化して詳説すべきなのではないか、と。

そんなテーマに基づく執筆を、朝倉未来をはじめ、著名ファイターたちにブラジリアン柔術の技術を伝授する竹浦正起・CARPE DIEM MITA代表にお願いしたところ……。

その解説で明かされたのは「これぞこれまで多くのビギナーに欠けていたことでは？」「ついにこのことが知らしめられるのか！」「これなら大人から子どもまで3カ月で効果がでるはず」と感服させられるTIP（コツ）の数々。

ページをめくり、ぜひ、ご確認いただきたい。そこには、動画サイトでは公開されることのない本当に必要な技術がある。そして、あなたは明日から少しずつ変わっていく。

2025年3月
ベースボール・マガジン社　武道・格闘技書籍編集担当

当書籍制作中の2024年
も大会での勝利を重ねた
著者（写真は2021年）

動画サイトでは公開されない
本当に必要な技術

大人から子どもまで3カ月で強くなる！

ブラジリアン柔術

CONTENTS

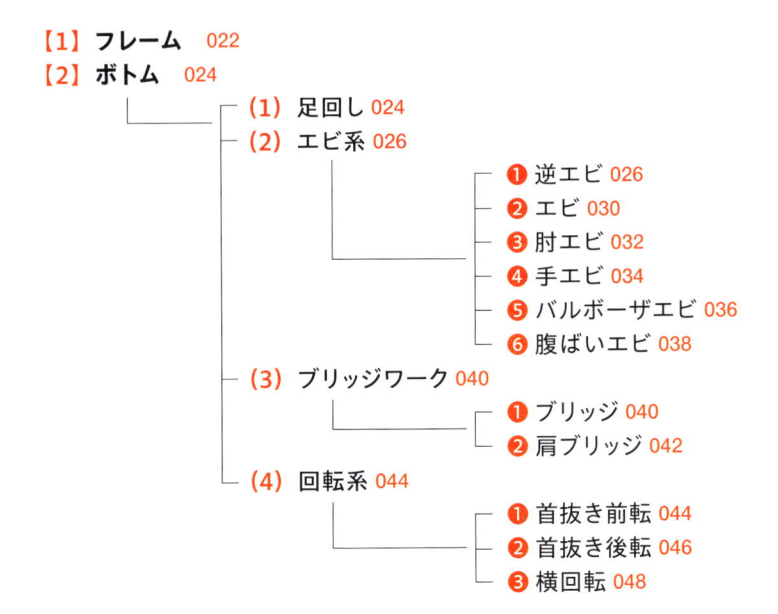

第3章 写真&動画解説編2 テクニック 057

第4章 論説編2 勝者の思考・練習方法 147

第5章 論説編3 「90日後に試合で勝つ」カリキュラム 155

■技の受け役
　戸倉巌　延藤素康　高橋逸樹

■撮影協力
　NOW or NEVER（柔術道場＝JR総武線亀戸駅より徒歩5分）

■写真協力
　ゴング格闘技

■制作スタッフ
　書籍デザイン：浅原拓也
　構成：中村拓己
　映像制作：Image Team　木川良弘
　スチール撮影：馬場高志

■企画
　編集スタジオとのさまがえる

［動画内容と視聴方法］

本書では、写真と写真説明文によってテクニックを解説するページにおいて、映像で視た方が理解を深めやすいと思われる項目に関してはQRコードを添え、動画にて動作を確認できるようにしています（書籍での写真・文による解説の一部が動画では収録されていなかったり、動画で行っている解説の一部が書籍では掲載されていなかったりすること、ご了承ください）。動画は、本書のためにあらたに撮影・編集したものです。QRコードを、スマートフォンやタブレット型パソコン等付属のカメラで撮影することで読み取り、動画を視聴してください。QRコードを読み取った場合のみ視聴できる限定公開のかたちを採っています。

［動画に関する注意］

映像は、インターネット上の動画投稿サイト（YouTube）にアップしたものに、QRコードを読み取ることでリンクし、視聴するシステムを採用しています。経年により、YouTubeやQRコード、インターネットのシステムが変化・終了したことにより視聴不良が生じた場合、著者・発行者は責任を負いません。また、スマートフォン等での動画視聴時間に制限のある契約をされている方が、長時間視聴された場合の視聴不良等に関しても、著者・発行者は責任を負いかねます。「QRコード」は株式会社デンソーウェーブの登録商標です。

［書籍写真解説に関する注意］

写真中に入れてある実線の矢印 ──➤ は実際に被写体が動いた位置の変化を示し、破線の矢印 ---➤ は力を加えている方向などを示しています。

第**1**章

柔術のすすめ

【1】老若男女が楽しめる柔術

　柔術に興味を持った方から、よく聞かれる二つの質問があります。それが「なぜ "ブラジリアン" 柔術なのか？」と「柔術と柔道は何が違うのか？」です。まずはこの質問にお答えしましょう。

　ブラジリアン柔術は、1920年代に日本人柔道家の前田光世がブラジルに渡り、現地で教えた柔道がベースになって生まれました。前田の教えを受けたグレイシー一族が独自の技術を取り入れながら柔術として発展させたのです。つまり、柔術は日本発祥でありながら、ブラジルで独自の進化を遂げ、逆輸入的に現在の形になっています。それがブラジリアン柔術と呼ばれる理由です。

　1990年代以降、総合格闘技（MMA）の普及とともに、グレイシーのほか柔術家たちがリングで華麗な関節技や絞め技を駆使して、自分よりも体の大きな相手を降参（ギブアップ）させる姿が注目されるようになりました。日本でもPRIDEやRIZINなどの格闘技イベントを通して、柔術の技術が多くのファンに認知されたと思います。

　柔術は柔道をルーツに持つ格闘技ですが、柔道が立技を主体とするのに対し、柔術は寝技を主体とします。投げでの一本がなく、寝技で相手をコントロールし

キッズクラスの生徒たちと勝利の喜びを分かち合う

てポジションをキープすることでポイントが加算され、サブミッション（関節技や絞め技）で相手を"参った"させることで勝敗が決まる、それが柔術です。

　柔術は柔道と異なり投げ技は少なく、マットに叩きつけることもないため、柔道に比べると地味に映るかもしれません。それでもテクニックの数は格闘技の中でもダントツに多く、日々新しい技が生まれています。また、筋力や俊敏性よりも技術が重視されるため、年齢を重ねても強さを発揮できる側面があり、50〜60代の一般会員が20代の若者を打ち負かす光景も、柔術ジムでは珍しくありません。

　柔術には打撃がなく顔に怪我を負うリスクが少ないため、対外的な仕事が多いビジネスパーソンでも安心して練習できます。さらに、子ども向けにもルールが工夫され、礼儀や集中力を養いながら安全に楽しめる競技として、キッズ柔術も盛んに行われています。柔術は老若男女、安全に取り組める格闘技と言えるでしょう。

【2】柔術ジムの探し方

**　柔術は一人では上達できません。練習環境の選択は技術の向上だけでなく、継続のモチベーションにも大きく影響します。自分に合ったジム（道場、アカデミー）と出会うことが大切です。**

　私が柔術を始めた2014年頃はまだ全国的に競技者が少なく、クラスによっては参加者が数名だけ、大会にエントリーしても相手がいないということはよくありました。いまは柔術専門のジムも増えましたし、柔術クラスを開く総合格闘技ジムも増えました。柔術を楽しめる場所は全国的に増えています。

　そうは言ってもスポーツ少年団や部活で習うことが出来る柔道とは違い、柔術は私営のジムやサークルで習うことが一般的なので、自分でジムを探さなければなりません。

　ジム選びで一番大事なことは物理的な通いやすさです。通うことが難しいと、どんなに素晴らしい指導者がいても継続は難しくなります。多くのジムでは夜のクラスがメインなので職場や学校の帰りに立ち寄れる場所にあるか、また土日に自宅からも通いやすいかもチェックしましょう。これから柔術を始める人であれ

ば「初心者クラス」があるかなどもチェックしていいと思います。もちろん初心者クラスがないから厳しいジムというわけではありません。月会費は、独立経営の柔術ジムなら月額8千円〜2万円程度。通い放題のところもあれば、通う日数によって料金が変わるところもあります。

　またジムを選んだら、体験クラスに参加してみましょう。可能であれば複数回参加することをお勧めします。チェックするポイントとしては、スパーリング（実戦形式）のクラスで講師がちゃんと安全に見ているか、初心者の会員にアドバイスをしているかなど、他にもジムが終わった後に会員同士でにこやかな雑談があるかなど雰囲気は見ておくといいですね。

　実際にジムに入ってみないと分からないことも多いですが、たとえば体験クラスで放っておかれる場合は初心者には厳しいジムかもしれません。もし通える範囲に複数のジムがあれば、それぞれの体験クラスに出て検討しましょう。自分に合ったジムと出会えば、柔術ライフが充実します。ぜひ体験クラスに参加してみてください。

　私が運営する「BJJ LAB」のYouTubeではさまざまな柔術ジムを訪問して代表者の話を聞く企画を連載しています。通うことができない場所にある柔術ジムの雰囲気を味わえると思うのでぜひチェックしてみてください。

MMAファイターとして活躍する朝倉未来選手（右から2人め）への
レッスンを終え、記念撮影。

【3】青帯になるという目標設定

いざジムに入って柔術を始めたら、ただ漠然と練習するのではなく、明確な目標を持ちましょう。その一つの指標が柔術の帯制度です。

柔術では帯の色によって技術レベルが示されます。白帯→青帯→紫帯→茶帯と進み、最後は黒帯になります。白帯は初心者、青・紫帯は中級者、茶・黒帯は上級者とされています。

近年は柔術を始める人が増えていますが、白帯のままやめてしまう人も少なくありません。そのため、青帯を取るまで続けることが重要な節目となっています。初めての昇帯ほど感動的な瞬間はないかもしれません。私の運営するジムでは年に2回の「昇帯式」を開いて、みんなの前で昇帯認定を受けた方に一人ずつ新しい帯を渡します。その中でも白帯から青帯への昇格では感動して涙を流す人もいます。

では、どうすれば青帯を取得できるのでしょうか？ 実は柔術には明確な昇帯の基準が定められておらず「この技ができれば青帯になれる」といった単純な基準は存在しません。各ジムの代表者の裁量に任されています。多くのジムでは、テクニックの習熟度、練習の出席日数（練習への取り組み）、試合での成績、道場での振る舞い、柔道やレスリングなどの過去の競技歴などから総合的に判断します。

少しでも早く青帯を巻きたいと思うのであれば、まずは所属するジムの昇段基準を把握すること。あとはシンプルにジム内の青帯の会員と組み合った時に簡単にやられない、スイープやパスガードができるようになりましょう。もしあなたが一本を取れるようになれば、青帯に近づいていると言えるでしょう。ただし、これも体重や年齢差などの要因もあるため、絶対的な基準ではないことを理解していてください。

ジム経営者として率直に言えば、昇帯を検討する際は「この人を青帯のロールモデルとしていいか」という点を重視しています。最低限の技術は必要ですが、それ以外にも練習への積極的な参加、ジムの雰囲気作りへの貢献、初心者への親切な対応など、ジム内のコミュニティの一員としての振る舞いも重要な要素として見ています。

基準が明確でないからこそ、日々の練習に真摯に取り組み、技術の向上だけで なく、ジムの仲間との良好な関係づくりも意識することが、青帯への近道となる のです。

【4】試合という世界に踏み出そう

**　柔術では毎週全国で大会が開催されています。ジムでの練習に物足りなくなっ てきた、上達するスピードを上げたいと思ったらジムを飛び出して、試合に出て みましょう。**

　ジムで試合出場が強要されることはありませんし、全員に試合を薦めるわけで はありません。それでも試合は自身の実力を試し、技術を向上させる絶好の機会 です。ベテラン選手でも試合に出るときは不安を感じますし、何度試合に出場し てもやはり緊張します。それでも試合に向けて練習を重ねて準備していくことで 上達が早まります。

　実際に上達が早い人は試合の経験が豊富です。たとえ1回戦で負けても、試合 の5分間は貴重な体験になります。「1試合は100本のスパーリングに値する」

国内ブラジリアン柔術およびMMAの重量級トップに君臨するイゴール・タナ ベ選手との試合に挑む著者（エキシビションマッチ扱いにつき勝敗無し、 2024年4月21日）。

とも言われているので、ぜひ一度は試合にチャレンジしてください。

　柔術では全国で年間100以上の大会が開催されています。毎週末のようにどこかで大会が開かれ、多くの競技者が参加していますし、試合に出るために全国を回る人もいます。主に国内の柔術大会は2種類あって、JBJJF（日本ブラジリアン柔術連盟）とASJJF（アジアスポーツ柔術連盟）という2つの連盟が主催する大きな大会、民間の競技団体や複数のジムが共催する大会があります。

　試合に出ると決めたら、どの大会に出るかをジムの代表に相談しましょう。また試合に出るとなったら、ルールを把握する必要もあります。柔術のルールは複雑で、安全のために白帯の試合では制限されている技が多いからです。

　おそらく多くの人が学生時代の部活以降に試合に出た経験はないと思いますし、試合に出る時には必ずご家族の了承も得てください。試合に出る場合は休日に移動も含めて半日以上を使うことになりますし、よく試合に出るためには「家庭内予選」で勝つことが必要だと言われたりしますが、実はこれが一番大事かもしれません。

　初めての試合で最も大切なのは、「経験すること」です。勝敗にこだわりすぎず、自分の柔術を出し切ることを目標にしましょう。たとえ結果が思わしくなくても、その経験は必ず次につながります。

　もし動画を撮ることができれば、良かった点、改善点を指導者や仲間と共有し、次の練習の課題を明確にしましょう。多くの選手が試合で大きく成長します。試合は怖いものではありません。むしろ、普段の練習では得られない緊張感と達成感を味わえる、柔術家として貴重な経験となるはずです。ぜひ本書を利用して柔術の上達を感じたら、試合の世界に踏み出してみてください。

　今回の本では第5章で「90日後に試合で勝つカリキュラム」（P155 〜 P157）というテーマのページも設けています。ぜひこのページも参考にしてみてください。

【5】柔術でつながるコミュニティ

　ジムには競技者として強くなる、試合に出て勝つこと以外にも、得るものがたくさんあります。柔術というものを通じたコミュニティはあなたの人生そのものを豊かにします。

私が運営するカルペディエム三田には、５歳のキッズから60代まで幅広い年齢層が集まっています。女性も多く、さらに国籍もバラバラです。また、港区という土地柄、海外出身の公務員や経営者もたくさん所属しています。このように、柔術を通じて普通の生活では出会うことのない多様な人々と知り合うことができます。

　柔術のコミュニティでは、年齢が上だからと言って偉そうにできるわけではなく、強いだけでも尊敬されません。むしろ人間性、相手への敬意が重要視されます。これが柔術のコミュニティの大きな魅力の一つです。競技を通じて相手を降参させることに必死になっている者同士が、トレーニング後には互いに助言し合い、励まし合う光景が日常的に見られます。一見すると不思議に見えるかもしれませんが、柔術をやっている人には自然なことです。

　柔術を通じて築かれる友情や絆は、学生時代の部活や会社組織の人間関係とも異なります。共に汗を流し、技を磨く中で生まれる信頼関係は、道場の外でも続きます。試合会場での仲間の応援といったジム外でのイベントにつながることもありますし、柔術を超えて会員同士でビジネス上のつながりができたり、人生のさまざまな場面で柔術のコミュニティの力が発揮されます。

　もし転勤などで遠方に行くことになっても、新しい土地でジムに入ればかつての所属ジムと代表同士がつながっていることがありますし、そのジムで新しい人

試合で下から
攻める著者

間関係を築くこともできます。また試合会場に行けば同窓会のような雰囲気で、かつてのジムの仲間たちと会って交流することもできます。

　このように、柔術のコミュニティは単なるスポーツの枠を超えて、多くの人々にとって大きな魅力を持っています。柔術を通じて築かれる友情やつながりは多岐にわたります。毎年柔術競技者は増えているので、今後柔術を通じたコミュニティはさらに拡大し、多くの人にとって特別な人間関係を築く場所になるはずです。

【6】柔術の開放的かつ フレンドリーな文化

　柔術は競技であり武道的な要素を持つものですが、それ以上にコミュニティを基盤とするスポーツです。多種多様な格闘技がある中でも、柔術ほど開放的な競技はないでしょう。

　柔術には、他の格闘技とは異なる独特の文化があります。それは「共に学び、高め合う」という精神を基盤とした、オープンでフレンドリーなコミュニティ文化です。

　柔術文化のユニークさを表す例の一つに「出稽古」があります。出稽古は所属ジム以外のジムを訪れてクラスやスパーリングに参加することで、所属ジムでは経験できない新しい技術に触れ、技術を交換し合うことで、互いの柔術の幅を広げていきます。他の格闘技でも出稽古はあることですが、柔術ほど頻繁ではなく、ジムに行くと知らない人が練習しているというのは柔術あるあるです。格闘技に限らずこれほど自由な文化を持つ競技はないでしょう。

　柔術では複数のジムが参加できる「練習会」も盛んです。練習会の開催はSNSで告知され、初心者から上級者まで、所属ジムの垣根を越えてたくさんの人が参加し、出稽古とは違う新鮮な刺激を得られます。練習会には「試合に出るのは怖いけど、知らない人と組みたい」と考える人が参加したり、あえて同じトーナメントで当たる可能性のある人と練習会で組むこともあります。

　また柔術は試合会場も他の競技とは雰囲気が異なります。柔術は打撃がなく体

のダメージが少ない格闘技なので、怪我さえなければ数多く試合に出て、いろんな選手と戦って試合が終われば健闘を称え合います。試合会場に行くと、過去に戦った相手と顔を合わせることが多々あります。またかつてのトップ選手が指導者として会場に訪れ、若手選手のためにセコンドをしている姿もよく目にします。試合会場は再会の場でもあり、勝敗を競い合った相手がいつしか切磋琢磨する仲間となっていく。それが柔術の世界の自然な流れです。

　柔術がまだマイナー競技だからということもありますが「ジム単位の小さなコミュニティがたくさんある」だけでなく「柔術を楽しむ人を包む大きなコミュニティ」の存在をいつも感じます。

　こうしたオープンな文化は、柔術の技術的発展にも大きく貢献しています。あるジムで生まれた新しい技術は、出稽古や練習会を通じて共有され、さらに洗練されていきます。柔術は競技であり武道ですが、それ以上にコミュニティを基盤とするスポーツといえるかもしれません。

チームでの勝利には格別の喜びがある

第**2**章

写真&動画解説編1

ソロムーブ&ペアドリル

柔術の基礎は
ソロムーブにあり

この本で最初に紹介するソロムーブ＆ペアドリル。
これが柔術における基本動作を覚える上で最も効率がいい練習方法だ。
なぜソロムーブ＆ペアドリルが重要かを説明しよう。

私は柔術においてソロムーブとペアドリルが非常に重要だと思っています。私自身、ずっと野球をやっていて、格闘技経験ゼロで柔術を始めたので、自分が寝た状態で動くということ自体が独特で、初めての経験でした。体育の授業で教わるものでもなく、他のスポーツでやるものでもない。寝た状態で動くことは柔術特有のもので、非日常の動きだと感じました。

　また私が指導者になって、20代中盤や30代になって柔術をを始めた方に、柔術の技を教えたとしても、技を習得することに時間がかかってしまう。そういう場面に何度も直面しました。

　それはやはり柔術における寝た状態で動くことそのものが、柔術以外で触れる機会の少ないものだからだと思ったのです。そこで私が出した答えが、最初から柔術の技を覚えるのではなく、まず初めに寝た状態での基本的な動きを覚えること、それがすなわちソロムーブです。

　この章で紹介するソロムーブでは、柔術における基本的な動きを一人で行うものです。柔術はソロムーブを幾つも組み合わせることによって、技が成立するものだと考えてください。このソロムーブを飛ばして、最初から技のみを練習して、すぐにスパーリングを始めることが多いですが、これは実戦的ではありません。

　例えばボクシングを始めたら、最初はシャドーボクシングで基本的なパンチのフォームを覚えて、コンビネーションを練習する。そこからミット打ちで当てる感覚や距離感を覚えて、それからスパーリングなど対人練習に移りますよね。

　ソロムーブを覚えずに技を練習してスパーリングするというのは、シャドーボクシングやミット打ちを十分にやらないまま、スパーリングを始めてしまう。それに近い状態だと思ってください。

　ソロムーブは一人で動きを覚えるための練習なので、いろいろなテクニックを教わったり、スパーリングで相手に対して動いたりする練習に比べると地味なものです。しかし今回の本では中長期的に強くなること、技を覚えて上達することを目的にした柔術初心者の方をターゲットにしているので、是非ソロムーブを普段の練習に取り入れてほしいと思います。

　もしそれが難しかったとしても、柔術においてソロムーブが重要だという認識があるだけでも、みなさんの柔術における考え方が変わると思います。

　またソロムーブから派生した練習方法としてペアドリルというものも紹介しています。ソロムーブで一人で動きを覚えることも大事ですが、ペアを組むパートナーに協力してもらい、相手という対象物に対して動くことはより実戦的な練習になります。ソロムーブではスムーズに出来ていた動きがペアドリルになると出来なくなる人も多いです。ソロムーブからいきなりスパーリングに移るのではなく、ペアドリルで相手との距離感や位置関係を把握しながらソロムーブと同じ動きが出来るようになってスパーリングに移ると、より技がかかりやすくなると思います。

　ちなみに私自身、青帯までは毎日ソロムーブとペアドリルを合わせて2時間ほどやっていました。ソロムーブとペアドリルをしっかりやり込んでからスパーリングをすると「この場面ではソロムーブのあの動きをやろう」や「ソロムーブのあの動きが出来ていたら技が決まっていた」という気づきもあります。

　ソロムーブとペアドリルをやり込んだからこそ、比較的早いスピードで技を覚えて強くなることが出来たと思っています。

柔術において重要なフレームという考え方

　柔術における基本的な考え方として「自分と相手の間に空間を作る・相手の動きを制限する＝フレームを作ることが重要」ということがある。まずボトム（背をマットに着け、上・前から攻めてくる相手と向かい合うポジション）においては、相手はパスガード（足を越えて胸と胸を合わせること）を狙ってくるので、それをさせないために相手と自分の間に自分の手、前腕、肩、脛、足の側面、足裏などを入れて空間を作ることが重要だ。フレームとは、この空間を維持するために用いた手や前腕、脛、足裏などの状態のことを指す。逆にトップポジション（背をマットにつけた相手に対し、上・前から攻めるポジション）の立場で考えた場合は、こちらがパスガードしようとするのに対し、体を起こしたり、足を入れて阻止しようとするので、相手の動きを制限して寝かせたままの状態にし、相手が入れてくる足をブロックすることが重要となる。それによってパスガードを狙うことが出来るのだ。

なぜ柔術ではバックや
マウントが有利なポジションなのか?

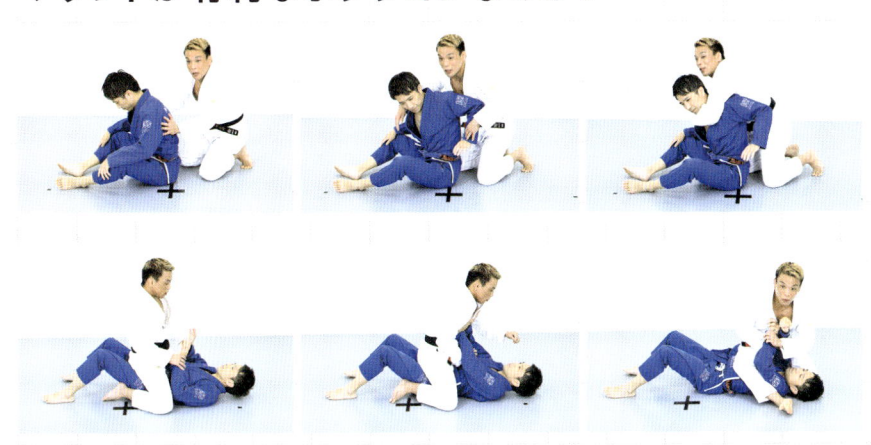

　柔術ではバック（相手の後ろにつく）やマウント（相手の足を越えて馬乗りになる）ポジションを取るとポイントが高く、有利なポジションとされている。これは相手がフレームを作ることが出来ないからだ。もしバックを取っていて、相手が後ろにフレームを作ろうとすればチョークを極めることが出来る。マウントを取っていて腕を伸ばしてフレームを作ろうとすれば腕十字を極めることが出来る。バックやマウントを取っていると相手に反撃されるリスクが少なく、有利に試合やスパーリングを進めることが出来るのだ。

フレーム遊び

　ここではボトムでのフレームの遊び・練習方法を紹介しよう。2人1組になって、自分がボトムポジションを取る。相手に胸と胸をつけてもらう（パスガードをする）ように動いてもらい、それに対して自分がフレームを作る。相手との距離や場所に合わせて手、前腕、肩、脛、足を使ってフレームを作るイメージだ。実戦的な技術は次ページ以降で説明していくが、そういった技術を覚える前の段階として、遊びの練習を取り入れてフレームを作る感覚を養おう。

01 足回し

柔術において自分の足を自由に動かすことは基本動作の一つ。細かい技術を覚える前段階で足回しを覚えよう

動画はコチラ！

ソロムーブ

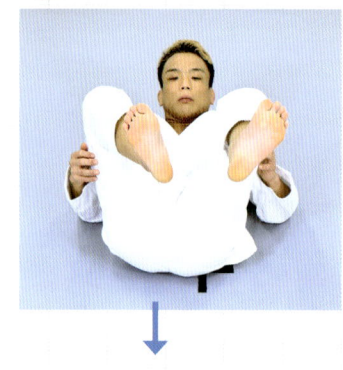

＝

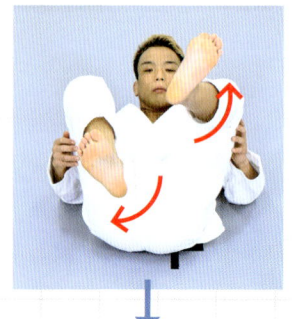

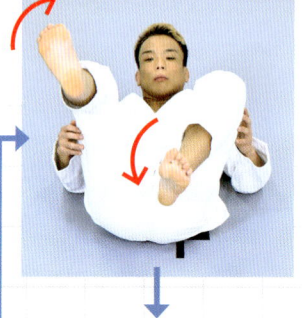

足が伸びないように、しっかり曲げて自分に寄せた状態から、両足を内側・外側に回す。大きく回すのではなく、足先を意識しながら細かく回す。

👥 ペアドリル

▶ 相手の肘が立っている

▶ 相手の肘が閉じている

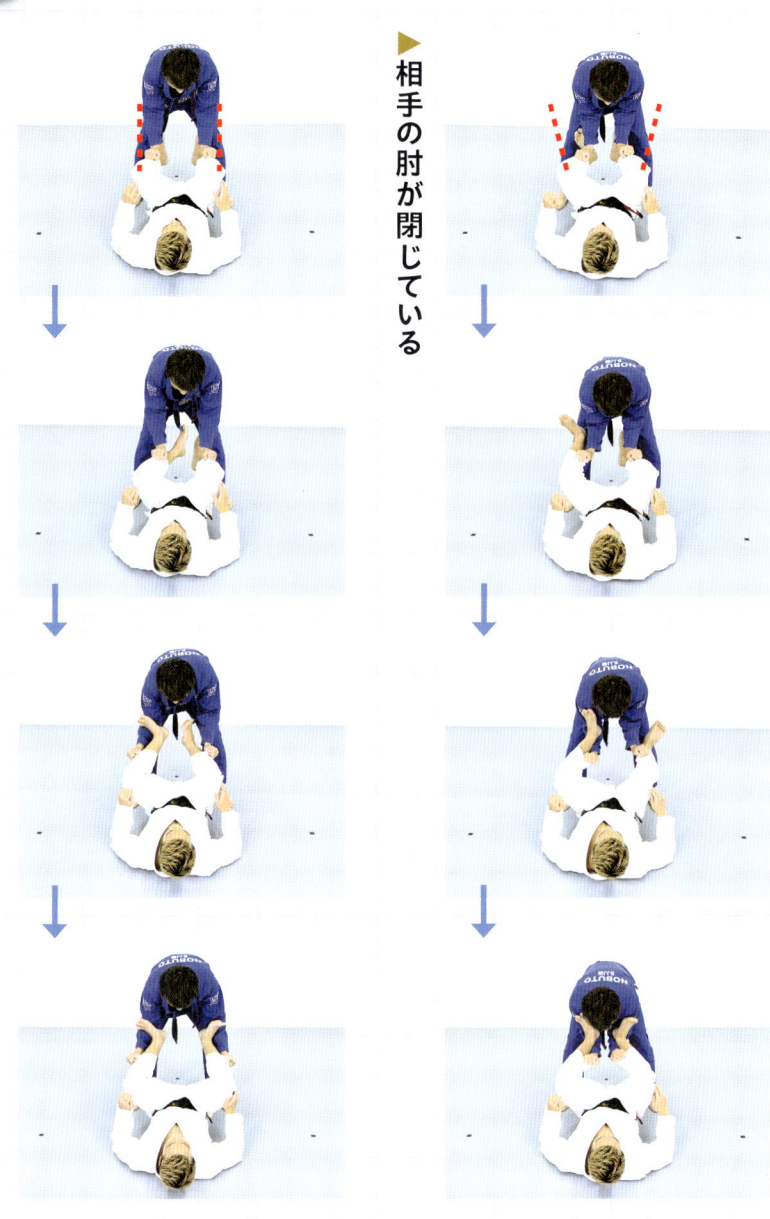

相手にズボンを掴まれたら、すぐに足回しをして相手に足をコントロールされないようにする。相手の肘が閉じている場合は内回し、相手の肘が立っている場合は外回しをする。ここも必ず足先を意識して細かく回す。

02 エビ系

寝技において様々な場面で使われるエビ系の動きだが、シチュエーションにおいて使う動きは異なる。ここでは全6パターンのエビを紹介しよう。

❶逆エビ

動画はコチラ！

👤 ソロムーブ

▶ 近い足で逆エビ

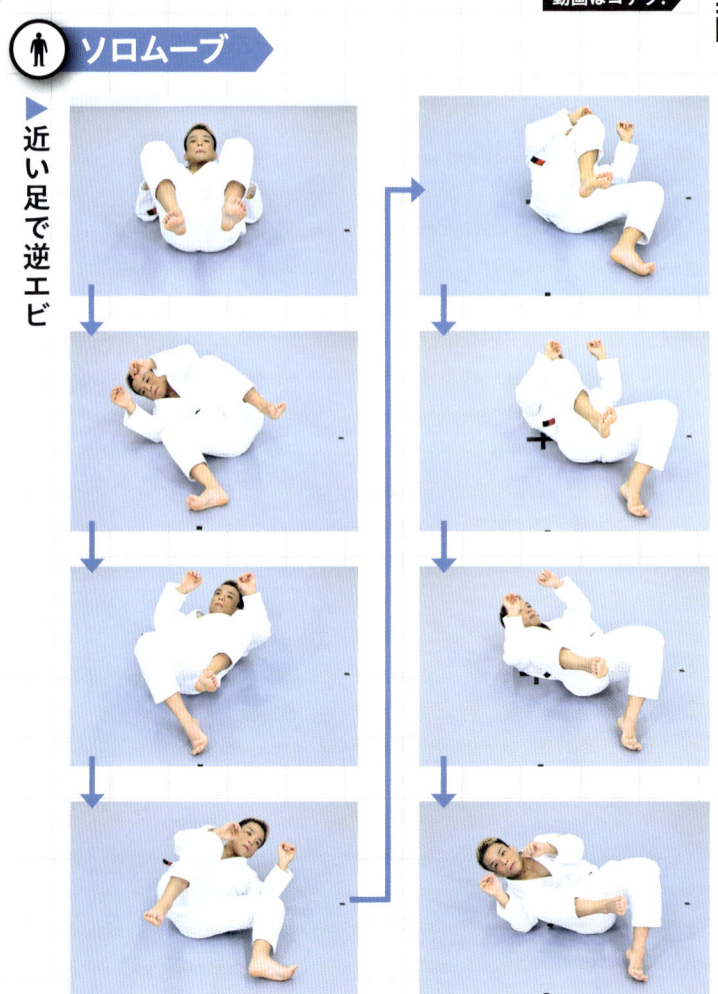

柔術においては、一般的に言われているエビ（空間を作るために腰を相手に対して遠くへ逃す動作）よりも逆エビ（その場で腰をずらして相手に正対するために用いる動作）を使うことが多い。上体を傾けたときにマットに近い足（右足）でマットを蹴り、お尻をマットを蹴った足と逆側（左側）に抜き、エビ（海老）の動きのように移動する。続いて逆のマットに近い足（左足）でマットを蹴って逆側（右側）に移動する。

遠い足で逆エビ

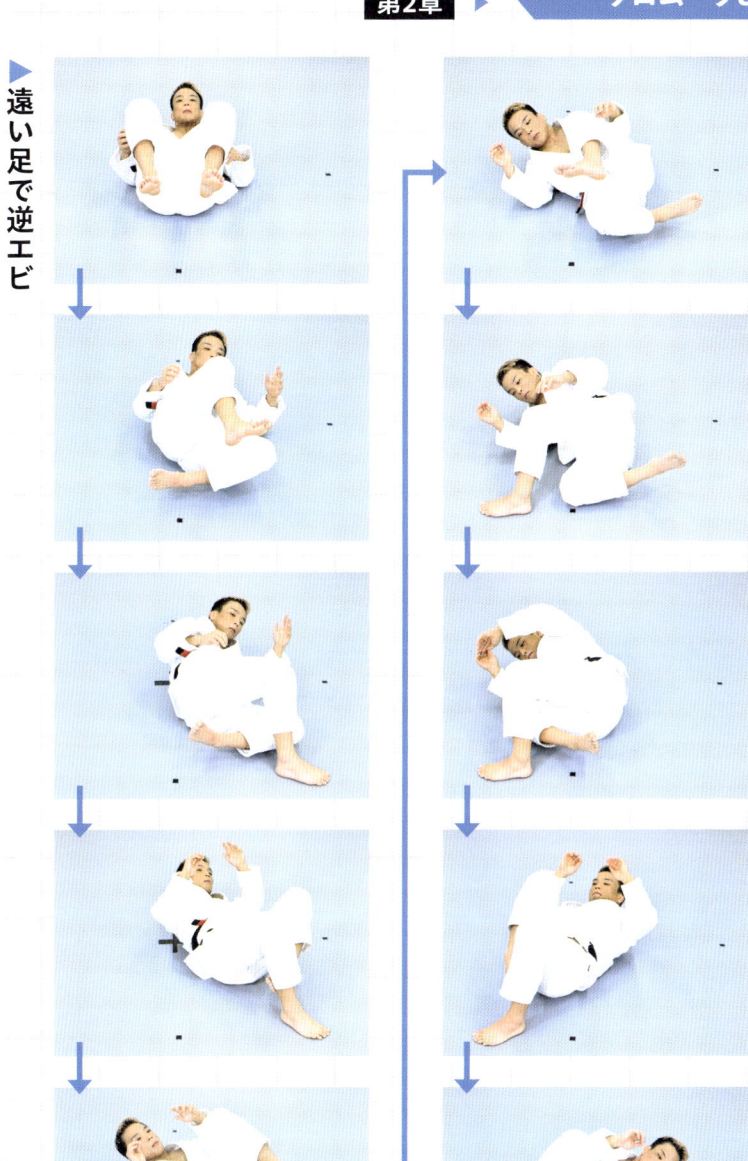

遠い足で逆エビする場合はマットから遠い足（右足）を交差させてマットを蹴り、左膝を抜きながらお尻を左に移動する。続いて逆のマットから遠い足（左足）を交差させてマットを蹴り、右膝を抜きながらお尻を右に移動する。

02 エビ系

❶逆エビ

ペアドリル

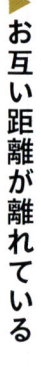
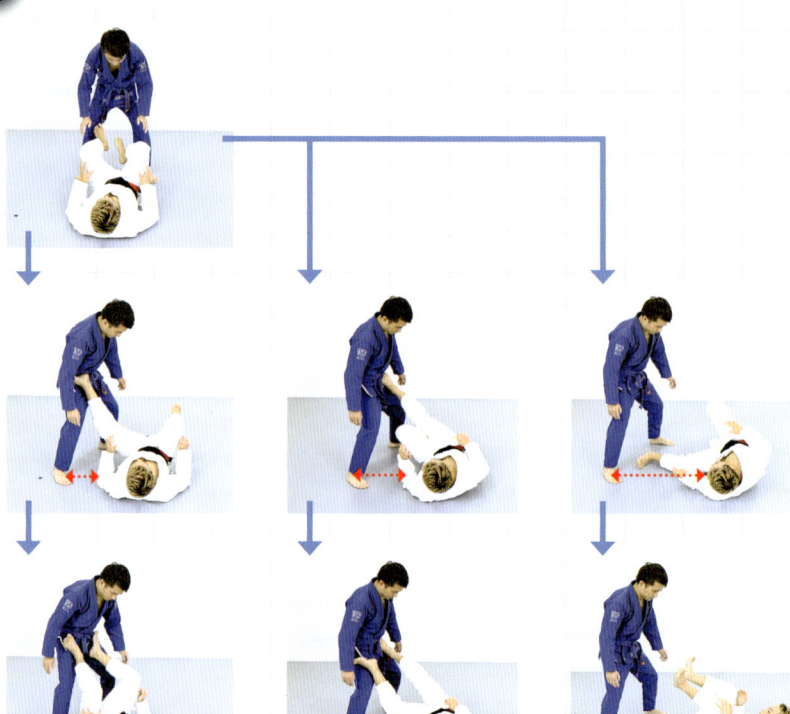

相手が近い距離でサイドに回ってきたら、相手に近い足（左足）を相手の右腰に当て、逆エビをして相手に正対する。

相手が自分の足が届かない距離でサイドに回ってきたら、相手に近い足（左足）でマットを蹴って、逆エビをして相手に正対する。

相手が遠い距離でサイドに回ってきたら、相手から遠い足（右足）を相手に左腰に当て、近い足（左足）を相手の右腰に当てて逆エビをして相手に正対する。

▶足を持たれている

相手に足を持たれている状態で、相手が
サイドに回ってきたら腕で相手の肩を押
してフレームを作る。近い距離で自分の
左側に回ってきた場合は近い足（左足）
を相手の右腰に当てて逆エビをする

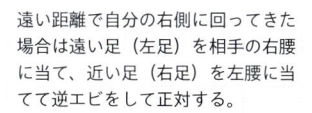

遠い距離で自分の右側に回ってきた
場合は遠い足（左足）を相手の右腰
に当て、近い足（右足）を左腰に当
てて逆エビをして正対する。

❷エビ

動画はコチラ！

 ソロムーブ

いわゆる一般的なエビは自分がマットから遠い足（左足）でマットを蹴って、蹴った足の側（左側）にお尻を抜いてエビをする。動作習得の練習として行う場合、続いて逆のマットから遠い足（右足）でマットを蹴って、蹴った足の側（右側）にお尻を抜いてエビをすることで左右交互の動きを反復しよう。エビをする際「空間を作る」「角度を作る」「移動する」の3つ、これを意識しながら動く。

ペアドリル

足の動き

脛・左前腕・右手の3点でフレームを作って相手とのスペースを維持することが出来たところで、相手に両足を向けるガードに戻す。「空間を作る」→「移動する」イメージだ。

▶ 相手が膝をついている

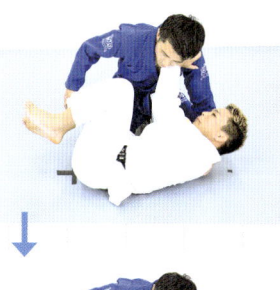

エビは相手の機動力がない時に使う動きだ。相手が膝をついていたら、相手から遠い手の前腕（左前腕）で首、近い手（右手）で腰を押す。相手に近い膝（右膝）を腹に寄せて左足でエビをして、空間を作り、脛（右脛）を相手の腹～胸の前に入れる。この脛・左前腕・右手の3点でフレームを作って相手とのスペースを維持する。なおサブミッションを極める場合（P136～）のエビは「移動する」「角度をつける」をイメージする。

腕の動き

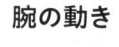

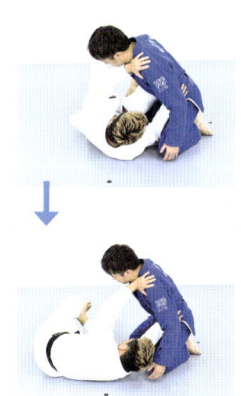

❸肘エビ

動画はコチラ!

 ソロムーブ

これは体の柔軟性がない人、または足を
コントロールされているときに使うエ
ビ。肘（右肘）をマットにつき、肘をつ
いた側に体を起こしつつ、右足でマット
を蹴ってエビをしながら体を起こす。

肘は肩よりも
高くつく

○

×

肩よりも低い位置で起きようとすると
起きる力が弱いので、自分の肩よりも
高い位置に肘をついて起きる。

ペアドリル

▶ 両脚を束ねられる

▶ 太ももの上に脛を通される

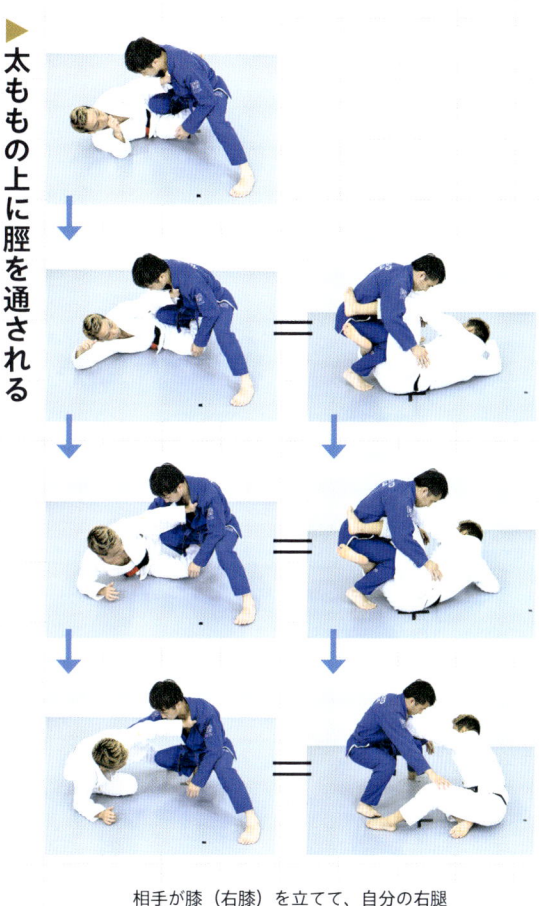

相手が膝（右膝）を立てて、自分の右腿の上に右脛を滑らせてパスガードしてきた場合（ニースライス）、右肘をついて左手で相手の左襟を持つ。左脛を間に入れてフレームを作ったら（ニーシールド）、左手を押し込みながら肘エビをして右足を抜く。

相手に両脚を束ねられたら、肘（左肘）をついて体を起こし、逆の手（右手）で相手が自分に対してのぼってくることを防ぐ。このフレームが出来たら肘エビをして、自分の脚を抜く。

❹ 手エビ

動画はコチラ！

👤 **ソロムーブ**

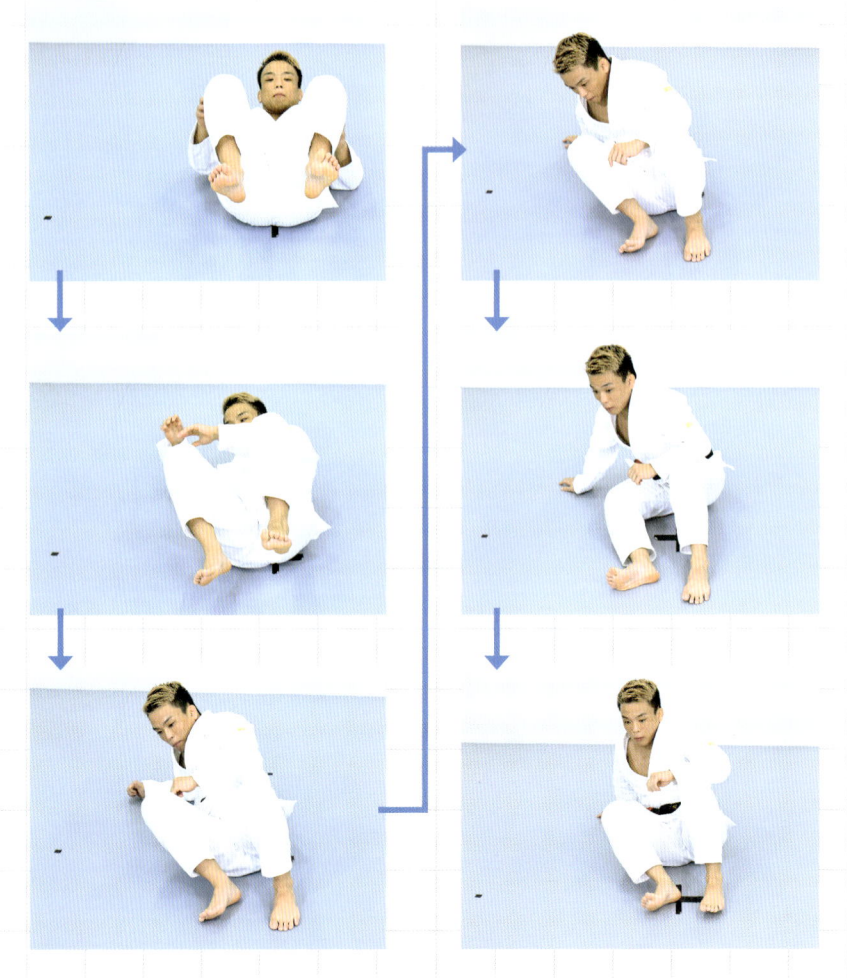

手エビは肘ではなく手をマットについて行う。片方の肘（右肘）をマットについて体を起こし、さらに右手のみをマットについて体を起こしてエビをする。肘エビはすぐに動くことが出来るが、体を起こした際の高さがないため、相手に潰される場合がある。手エビは二つの動作となるが、体を起こした際に高さがあるので、相手に潰されることが少ない。肘エビと手エビを併用し、その時のシチュエーションに応じて使い分ける。

👥 ペアドリル

▶ シッティングガードでの移動

▶ 相手が逆サイドに回る

相手が立っていて、自分が座ってガードを取る＝シッティングガードの状態。左右・前後に動く相手に合わせて、自分も手エビを使って左右・前後に動く。

相手が自分の右からパスガードをしていて、逆サイドに回り込んで来たら、右肘をついて体を起こし、左手で相手の右腕を押す。ここから右手をついて身体を起こし、エビをして相手と正対する。

❺バルボーザエビ

動画はコチラ！

半回転（頭を入れない）＝
ニーオンザベリーを回避するときなど

 ソロムーブ  ペアドリル

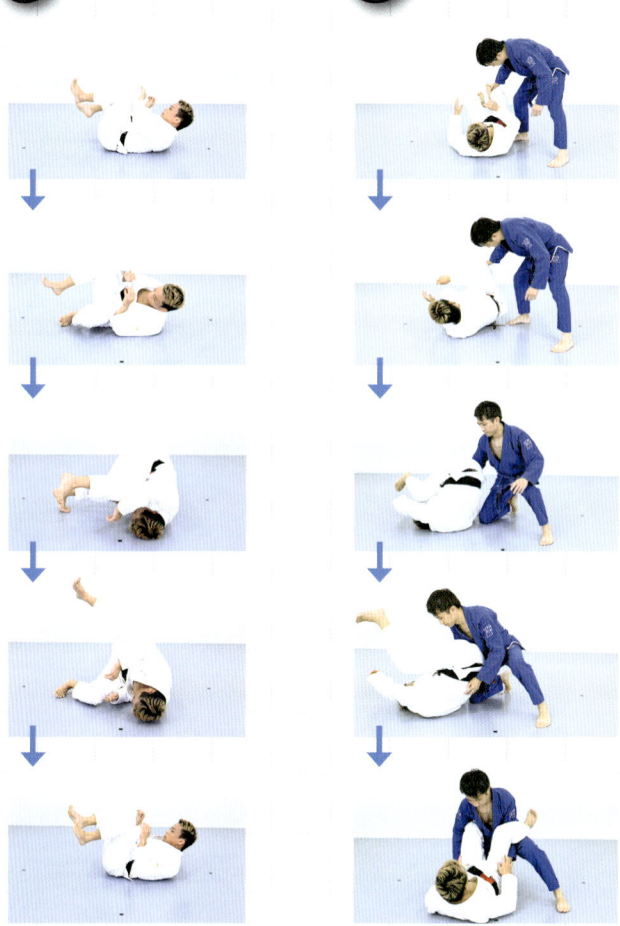

エジソン・バルボーザが考案したとされるエビで、お尻を高く上げて立体的に体を使うことが出来る。マットに近い足（左足）を自分に寄せて、その足と同じ側の肩（左肩）をマットについてお尻を上げる。お尻を上げたら、そのまま横に半回転する（頭をスペースに入れない）。ペアドリルはニーオンザベリーで抑え込まれそうになった状態から、相手から遠い足（左足）を自分に寄せて、左肩をマットについてお尻を上げる。これで自分と相手の間にスペースが出来、左足・左肩・お尻の3点の支えがあるので相手に潰されることはない。ここから右足を高く上げて大きく旋回させる＝頭を入れずに半回転するバルボーザエビでガードに戻す。

一回転（頭を入れる）＝
相手にズボンを持たれているときなど

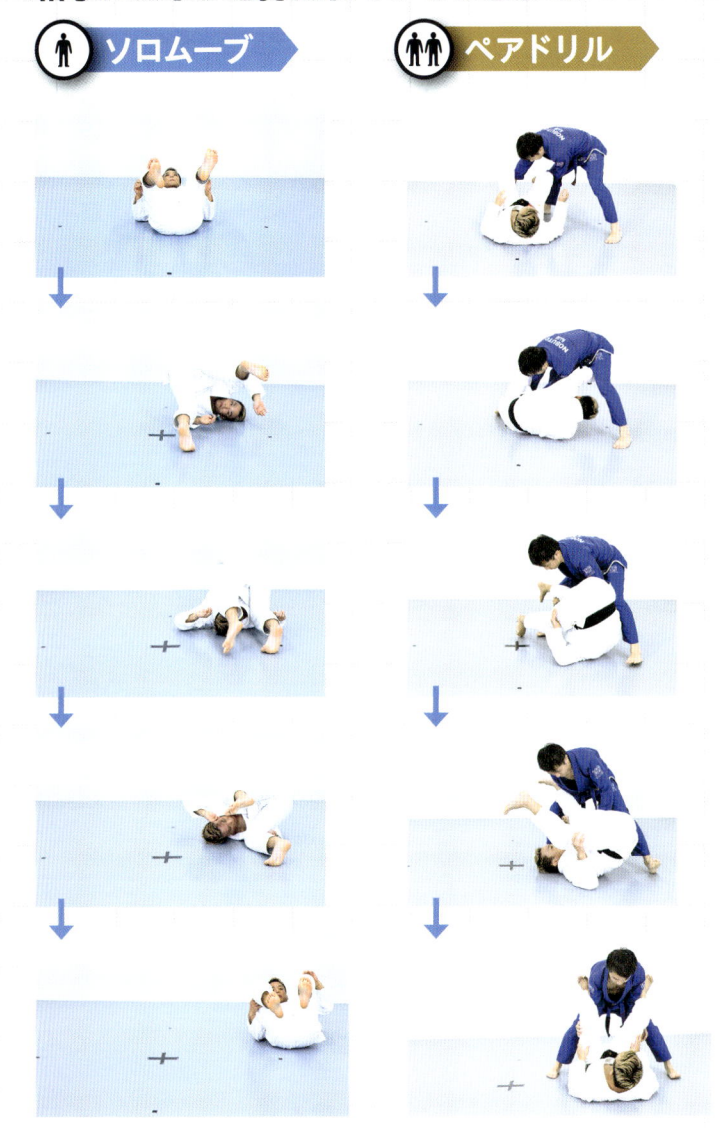

👤 ソロムーブ　　　👥 ペアドリル

半回転と同じようにマットに近い足（左足）を自分に寄せて、その足と同じ側の肩（左肩）を
マットについてお尻を上げる。自分の頭を内側に入れるようにして一回転する。ペアドリルは、
相手にズボンを持たれた状態から、相手に近い方の足（右足）を寄せて、同じ側の肩（右肩）
をマットにつけてお尻を上げる。お尻を上げたら、頭を入れて一回転するバルボーザエビでガー
ドに戻す（※動きを分かりやすく説明するためにソロムーブとペアドリルの左右が逆になって
います）。体が柔らかい・立たなくてもいい場合はバルボーザエビを有効に使おう。

❻腹ばいエビ

動画はコチラ！

ソロムーブ

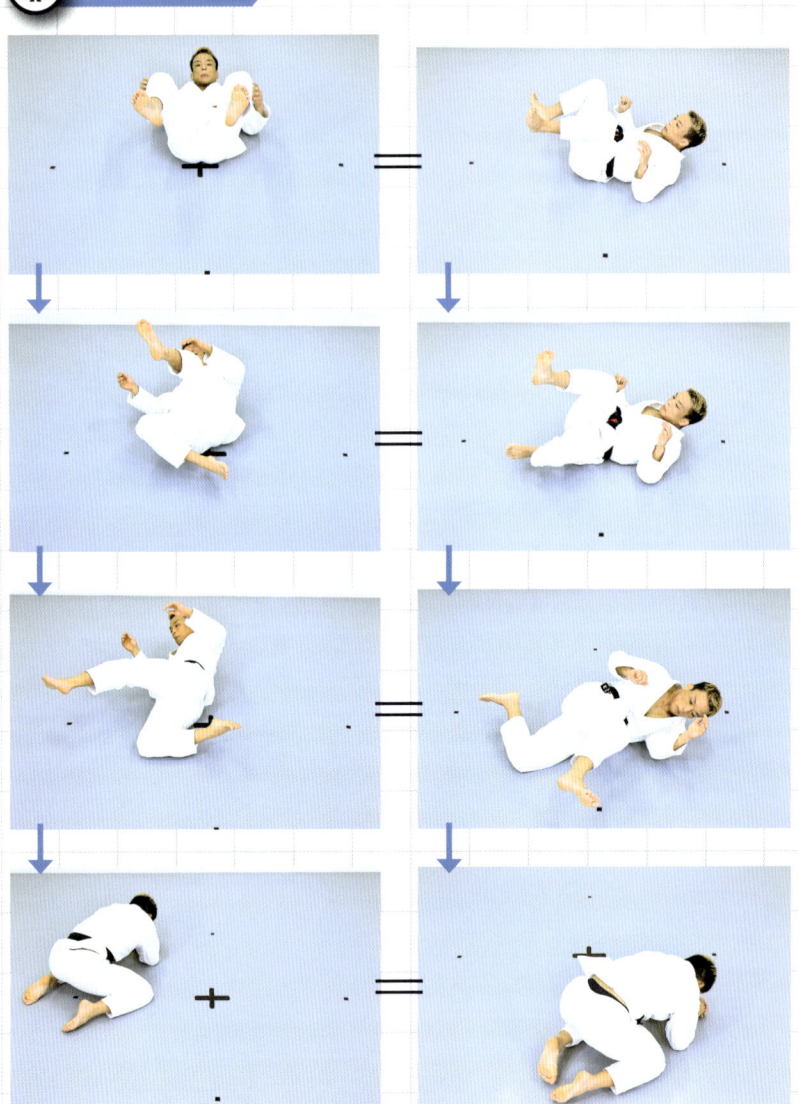

足を使えない、ここまでの使ったエビが出来ないとき、亀になるために使う。足を
マットにつくのではなく、両足を交差させてその反動を使って腹ばい＝亀になる。

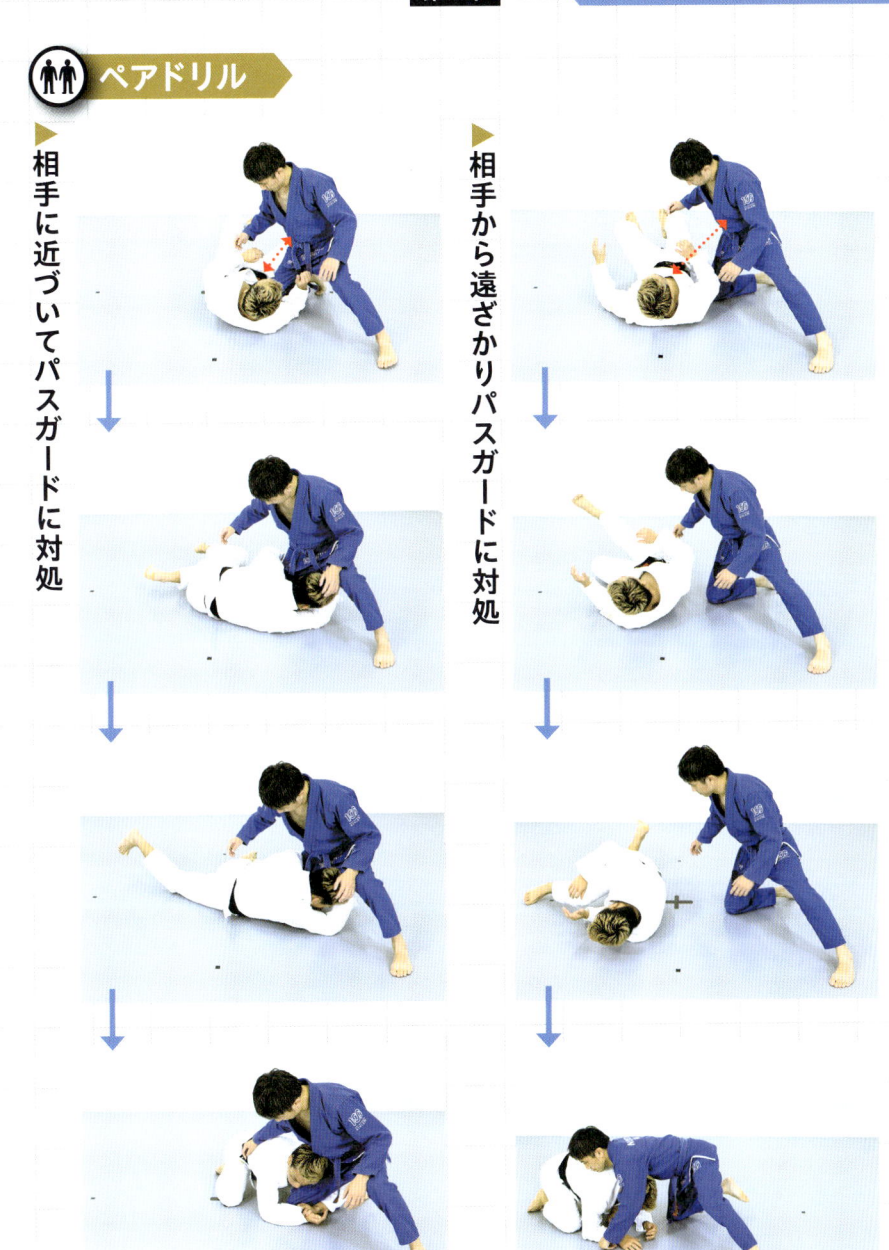

▶相手から遠ざかりパスガードに対処

▶相手に近づいてパスガードに対処

サイドに回られ、ニーオンベリーに近い状態に持ち込まれたら、相手から遠い足（左足）を相手に近づけるように交差させて片足タックルのかたちに入る。もし自分と相手との間に距離がある場合は、相手から近い足（右足）を相手から遠ざけるように交差させて亀になる。

03 ブリッジワーク

エビと同じく様々なシチュエーションで必要になるブリッジワーク。柔術においては首（頸椎の伸展）を使わない形で使われることが多い。

動画はコチラ！

❶ブリッジ

 ソロムーブ

マットに寝た状態で両足を自分に近いところに置いて、両手をついてお尻を上げるようにブリッジする。両肩をマットについたままでも問題ない。ブリッジはエビと同じ「空間を作る」「角度を作る」「移動する」の3つが軸になり、横ではなく縦への移動が主となる。

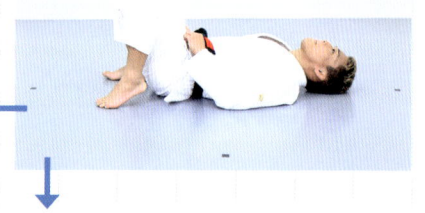

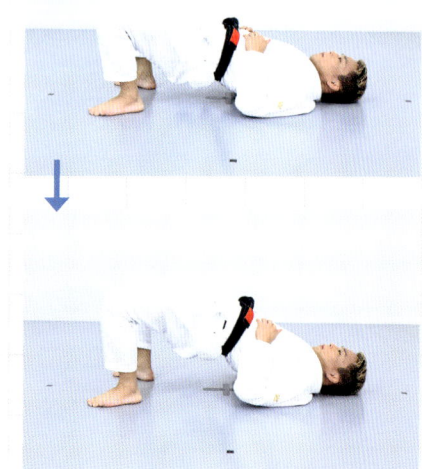

ペアドリル

▶ 担ぎパスへの対処

▶ 三角絞めでのブリッジ

相手が担ぎパスを狙ってきた時、足回しや肘エビ・バルボーザエビをしても潰されてしまう。担ぎパスを狙われたら、ブリッジをして自分の尻を下に落とす力を生み出す。こうするとお尻が重くなり、相手は簡単に担ぐことが出来ない。地面を踏むイメージでお尻を下げる＝ブリッジをして戻る動きで担ぎパスを対処する。

三角絞めの形を作った時、相手に前に出てこられてお尻が上がって潰される場合がある。この時も相手が前に出てきたらブリッジの動きを使って、自分が後ろに下がって三角絞めを極める。この時、しっかり自分の後頭部をマットに噛ませるようにしてブリッジする。

❷肩ブリッジ

先ほどは首・後頭部を使って真っすぐに起きるブリッジだったが、肩ブリッジは斜め方向に起きるブリッジになる。ブリッジしたい方向（左）を見て、左肩を支点にして左側に起きるようにお尻を上げてブリッジする。

👥 ペアドリル

▶抑え込みからスペースを作る

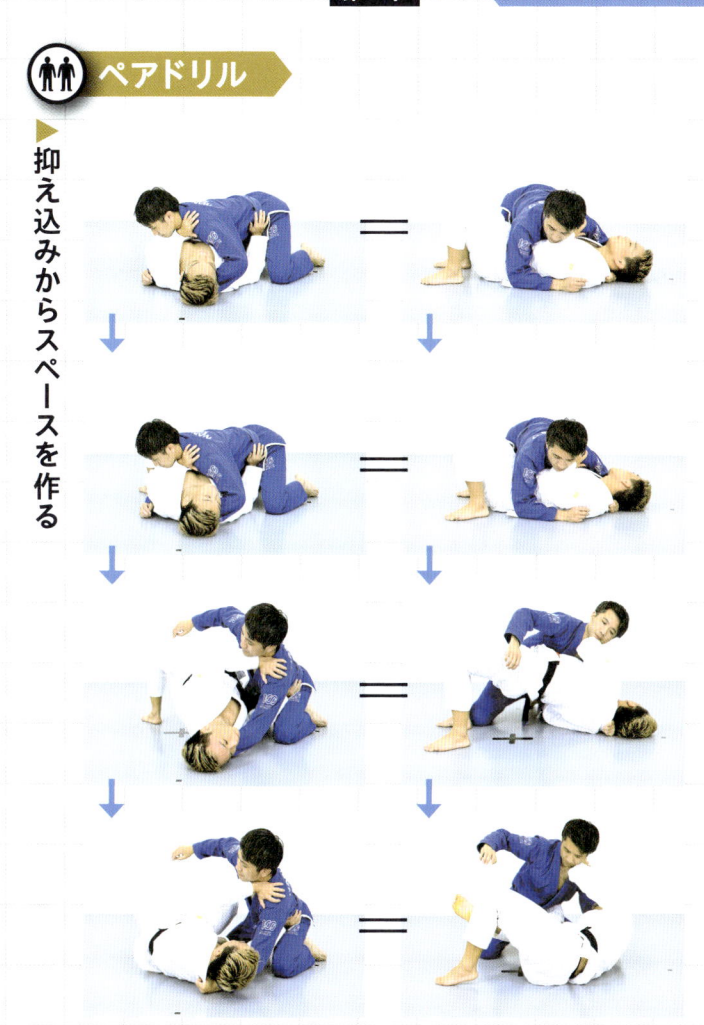

サイドで抑え込まれた時、無理にエビをしようとしても、スペースがないのでエビが出来ない。この時は自分の前腕（左前腕）で相手の首、逆の手（右手）で相手の腰を押しながら、相手を向くように肩ブリッジをしてスペースを作る。スペースが出来たらエビをして自分の右足を入れてフレームを作る。

NG
頭を上げて
ブリッジ
すると……

自分の頭が上がっている・相手に枕を作られているとブリッジする力が弱く、スペースを作ることが出来ない。しっかり自分の頭をマットにつけてブリッジすることで、高いブリッジが出来てスペースを作ることが出来る。

04 回転系

柔術では前転・後転など回転する動きも多く使われる。体操的な回転ではなく、首に負担のかからないように回転する。

動画はコチラ!

❶ 首抜き前転

ソロムーブ

膝をついた状態から、顎を真っすぐではなく、鎖骨につける。ここから側頭部をマットにつけるようにして前転していく。

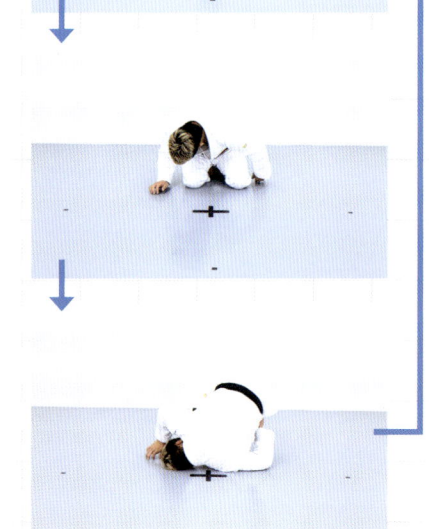

ペアドリル

▶ 亀からガードに戻す

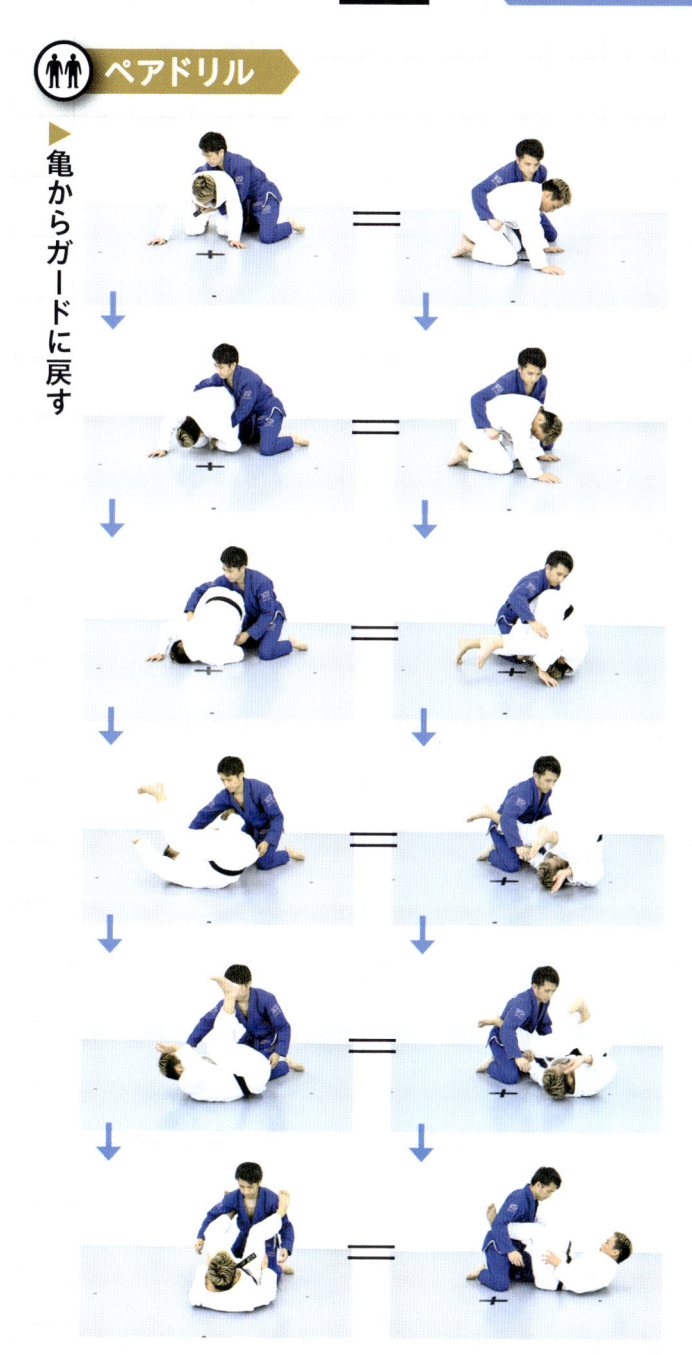

腹ばいエビ（P38）をして腹ばい＝亀になって、相手にサイドバックにつかれた場合、相手と逆側（自分の右側）に向くように顎を鎖骨につけて、首抜き前転してガードに戻す。

❷首抜き後転

👤 ソロムーブ

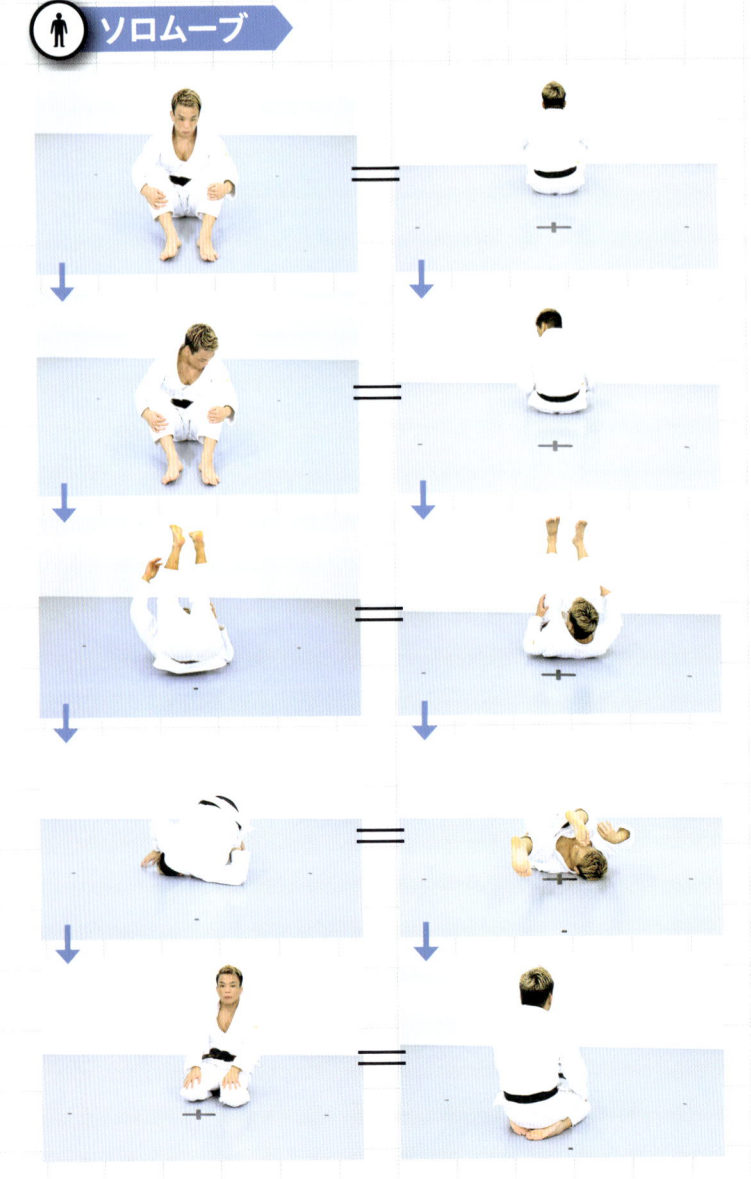

体操座りの状態から、顎を自分の鎖骨につけて若干後ろを見ながら後転する。右を向いている場合は自分の足が右に来るように、左を向いている場合は自分の足が左に来るようにする。

▶ 担ぎパスへの対処

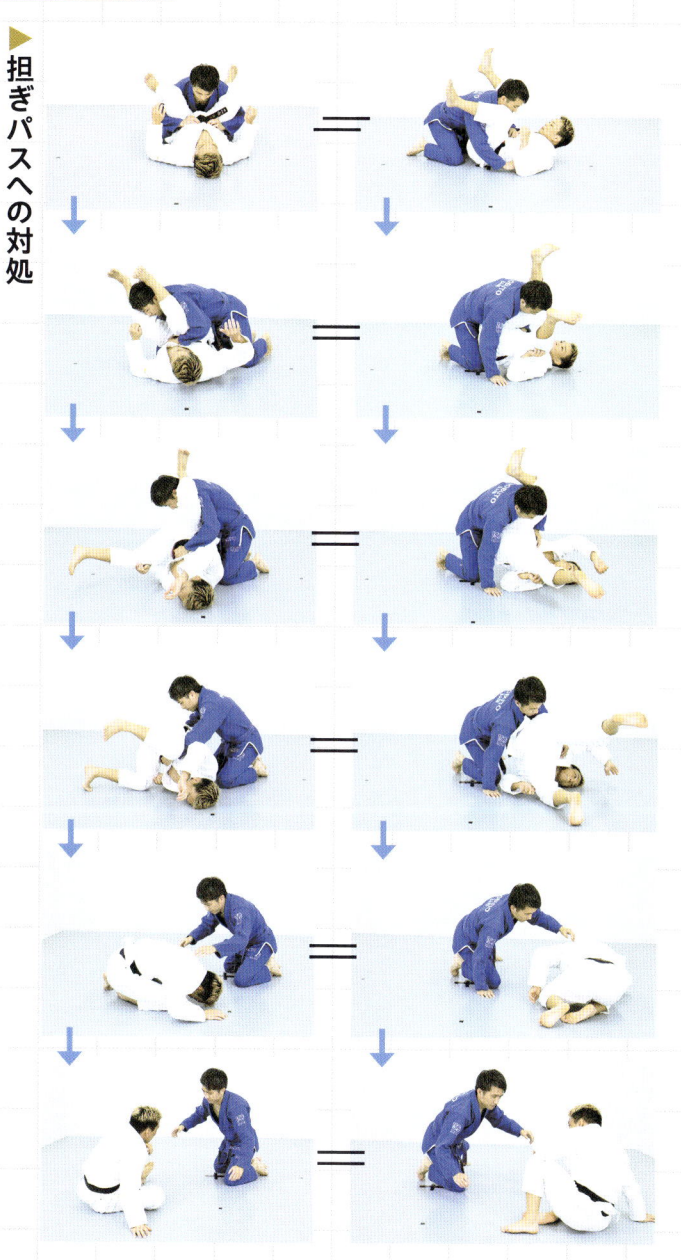

相手の担ぎパスに対してブリッジしようとして（P41）できなかった場合、無理にブリッジするのではなく相手が回ろうとしている逆側（右側）を向くように顎を鎖骨につけて首抜き後転してガードに戻す。

2 ボトム

❸横回転

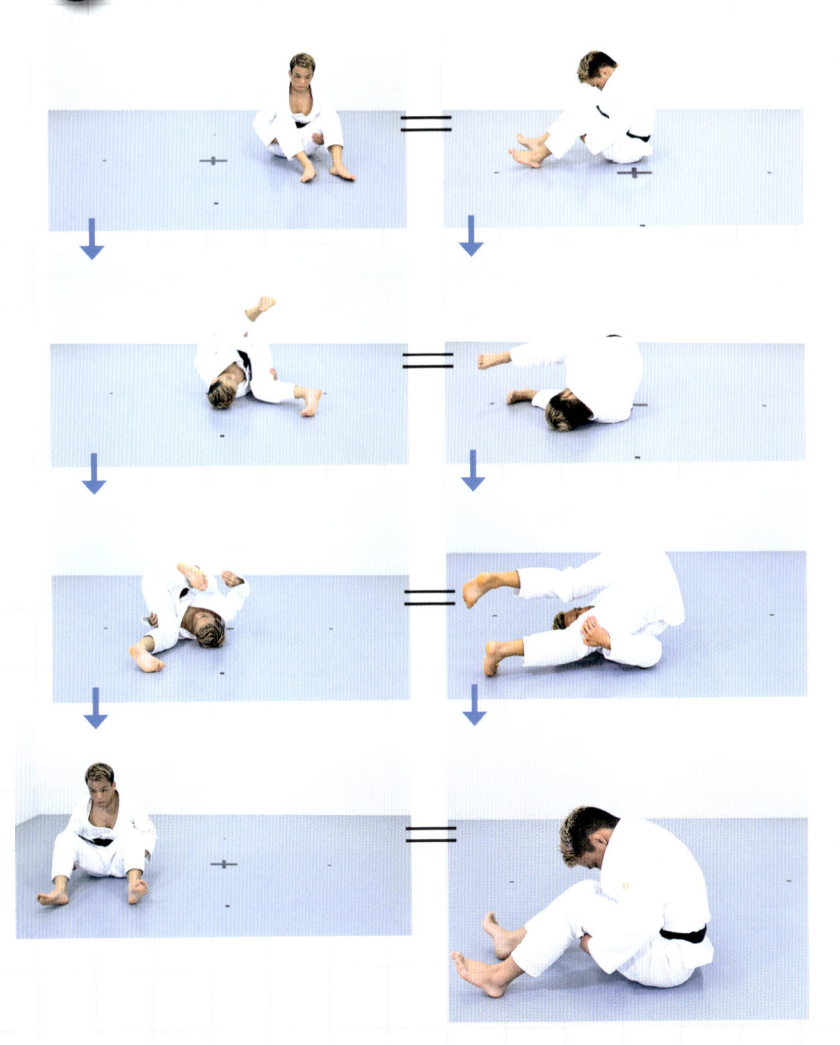

体操座りの状態から、顎を真っすぐに引いて太ももを持ちながら横回転する。

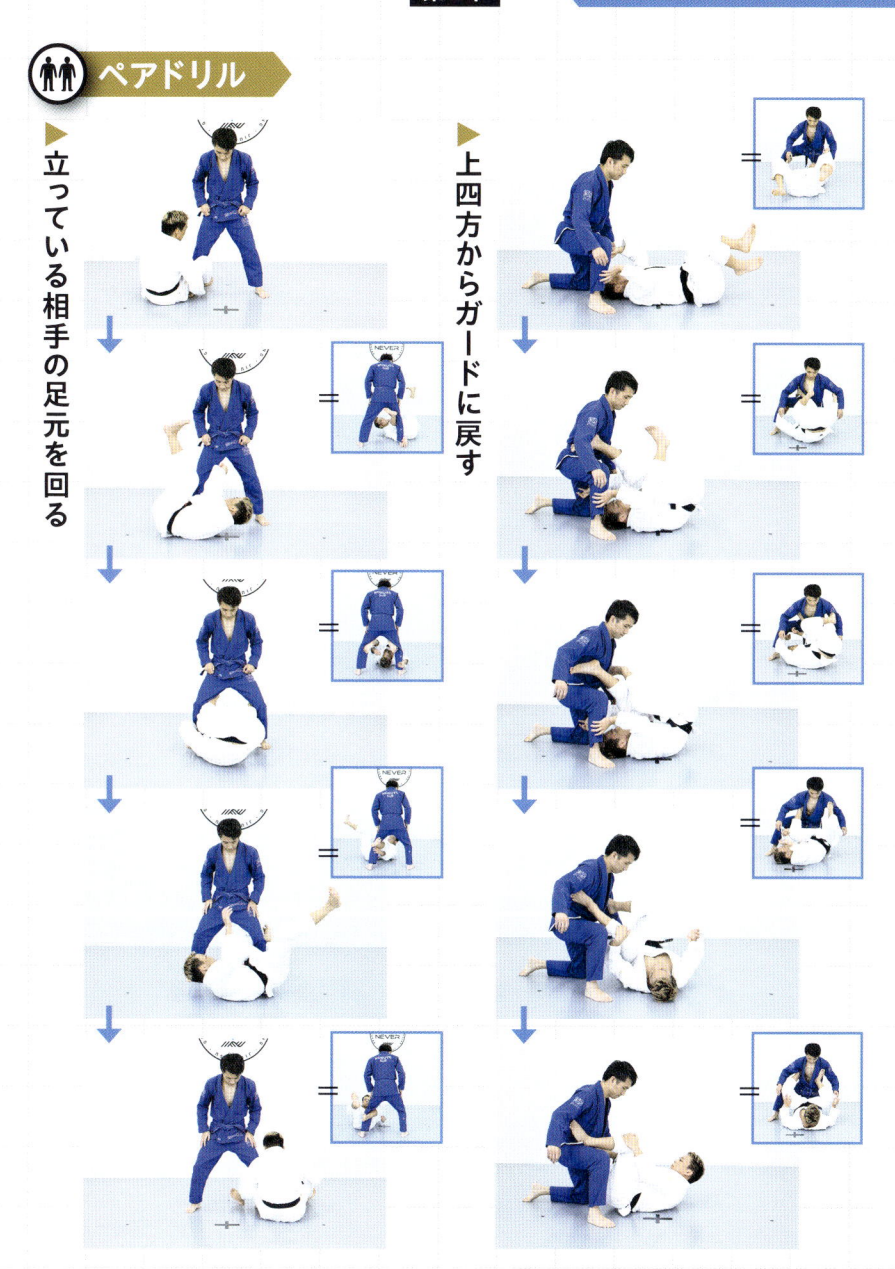

▶ ペアドリル

▶ 立っている相手の足元を回る

▶ 上四方からガードに戻す

相手に立ってもらい、相手に近い方の手（右手）を自分の膝下（右膝下）から通して、相手の右脚を持って横回転する。自分の両足を相手の両脚にフックし、今度は逆の手（左手）で相手の左脚を持って横回転する。

相手が上四方に回ってきたら、足をクロスして相手にフックして（ここでは左足→右足）横回転して戻す。実戦では相手が横から上四方に回る動きに合わせて、遠い方の足を大きく旋回させて横回転してガードに戻す。

01 手に体重を乗せて動く

柔術では足のステップで自分が動くだけではなく、自分の手に体重を乗せて動くことが必要になる。

❶前に動く

動画はコチラ！

👤 ソロムーブ

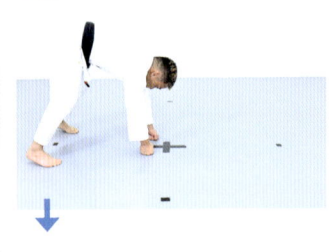

👥 ペアドリル

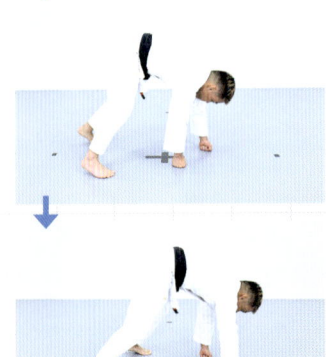

写真のように拳をマットについた状態で、拳に体重を乗せて拳で歩くようにして前に動く。拳で歩くことで手に体重を乗せて動く感覚を覚える。

ソロムーブではマットに拳をついたが、ペアドリルでは相手の足・ズボンを持って、相手に体重を乗せる。この時にベタ足ではなくカカトをやや浮かせておくことで、より相手に体重を乗せることが出来る。

❷ サイドステップ・クロスステップ

ソロムーブ & ペアドリル

▶ サイドステップ

▶ クロスステップ

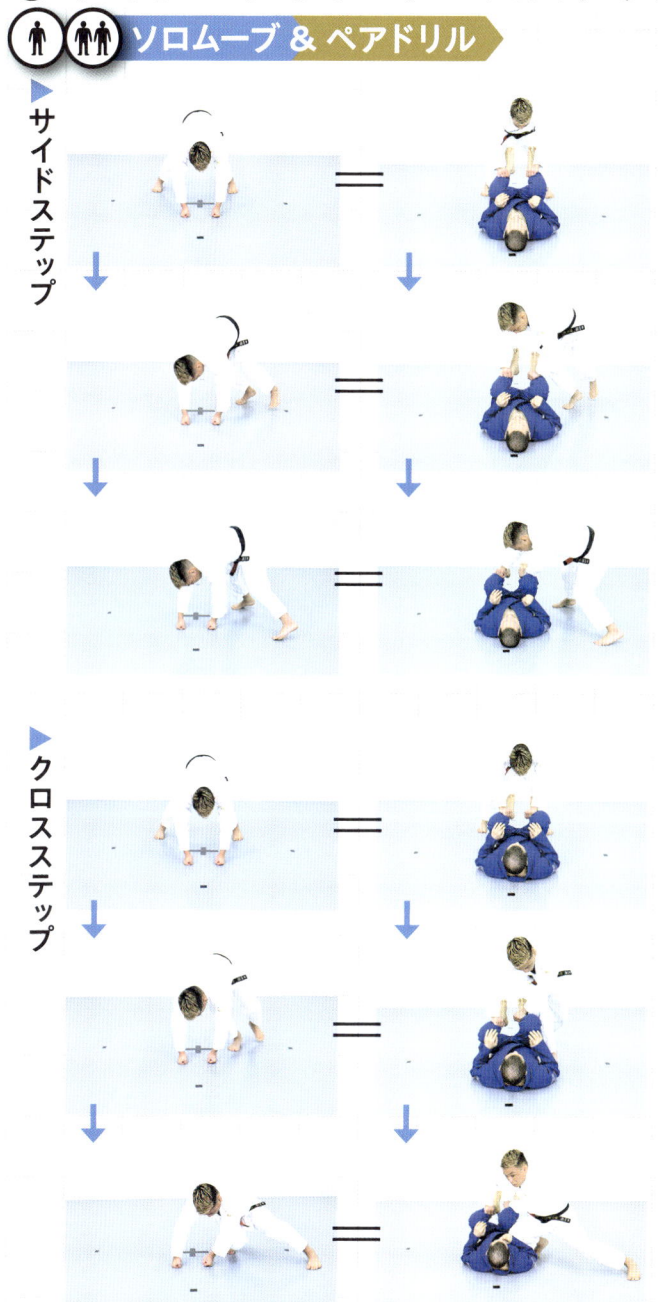

❶と同じ態勢から前ではなくサイドに回るステップ、また足を交差させるクロスステップを行う。ペアドリルではパスガードして相手のサイドに出ることをイメージして動く。

02 腰切り系

柔術の様々な場面で用いられる腰を切る動きは大きく分けて、前に腰を切る動きと後ろに腰を切る動きの2種類存在する。さらにこの2つを連続して用いる場合がある。

動画はコチラ！

❶前に腰を切る

四つん這いの状態で、対角線の手と足をついたまま、逆の足を斜め前に出しながら腰を切る。

ニースライスパスを仕掛けて相手がディフェンスしてきた場合、前に腰を切る動きで膝をスライドさせてパスガードする。

❷後ろに腰を切る

①と同じくニースライスパスを仕掛けて相手がディフェンスしてきた場合、相手の首を抱えて枕の状態を作りつつ、後ろに腰を切ってパスガードする。

片方の肘をマットにつき、対角線の足を大きく逆サイドまで着地させるようにして腰を切る。

❸前後に腰を切る

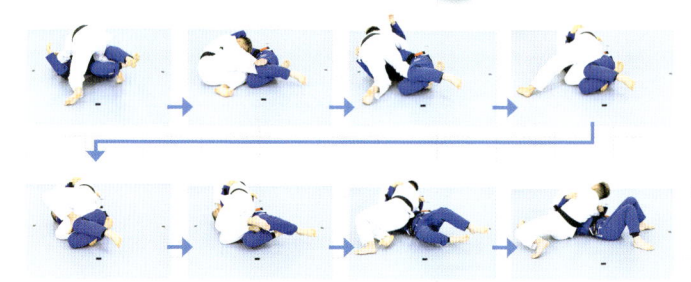

ハーフガードで相手に片方の脚を絡まれている場合、後ろに腰を切る→前に腰を切る動きを繰り返すと、徐々に絡まれている膝・脚が抜けてくるので、自分の足で相手の足を蹴ってパスガードする。

03 柔術立ち

柔術においては座った状態から立ち上がる動きは多くのシチュエーションで使われる。この時、ただ立ち上がるのではなく柔術立ちと呼ばれる柔術式の立ち上がり方がある。

動画はコチラ！

ソロムーブ

尻餅をついた状態から、片方の足（左手）でマットを踏み、逆側の手（右手）をマットにつく。この時、必ず対角の手と足をマットにつくようにする。この2点でバランスを取りながらお尻を上げ、マットについていない方の足（右足）を右手の後ろに抜くようにして立ち上がる。相手に前方にいて、自分が後方に立つことをイメージする。ここに肘エビ（P32）・手エビ（P34）をミックスすることで寝た状態から立ち上がることも出来る。

👥 ペアドリル ▶ 後方に倒されてから立ち上がる

草刈りスイープなどで後方に尻餅をつかされて、前方に起き上がろうとすると、相手に柔術立ちされてしまう。後方に倒されたら、前方ではなく後方に立つ＝柔術立ちをする。

寝た状態から立ち上がって展開を変えたい場合、肘エビ・手エビで体を起こして距離を取りつつ、柔術立ちで立ち上がる。これでお互い立ち上がったらテイクダウン、もしくはもう一度自分の得意な形で引き込んでいく。

▶ 寝た状態から立つ

動画はコチラ！

柔術と仕事の両立は
「行ける日に行く」じゃなく「この曜日は行く」

　ジム（道場、アカデミー）に通うほとんどの方が普段は仕事をしながらジムに通っています。どうしても残業や仕事の事情でジムに十分に通えず、モチベーションが下がってしまうこともあります。実際にジムで指導していて「どうすれば柔術と仕事を両立出来ますか？」と質問されることは多いです。

　私自身、大学卒業後に社会人として働きながら、柔術を続けていた時期がありました。当時は卸市場で働く会社に勤めていて、毎朝６時に出勤し、昼休みに一度抜けて１時間ほど練習。その後会社に戻り、夜７時過ぎに退社して夜９時頃から深夜０時過ぎまで練習し、そこから食事や入浴を済ませて夜中１時〜２時に就寝し、朝６時には出勤するという日々を過ごしていました。

　当然睡眠不足で疲れが溜まり、体調を崩すことが多く、結果として会社に迷惑をかけ、ジムでは不愉快な態度をとってしまうこともありました。タイトなスケジュールで練習することで得たものもありましたが、今振り返ると無茶なスケジューリングのせいで周囲の人々に多大な迷惑をかけてしまい、失うものも多かったと思います。

　社会人経験のある私からのアドバイスは「無理して毎日練習に行く」「練習に行ける日に行く」ではなく「週２日は必ず練習に行く」「何曜日と何曜日は練習に行く」など、自分の生活や仕事のリズムに合った、現実的な練習スケジュールを設定することです。

　毎日練習しないと強くなれない、上達のスピードが遅いというイメージがあるかもしれませんが、練習に対するモチベーションが高い時は毎日練習に来て、モチベーションが低い時は週１回しか練習に来ない、そういったばらつきがある人はなかなか成長しません。逆に練習する曜日をしっかりと決めて、かならずその曜日は練習する。そのスケジュールを守ってコンスタントに練習する人は成長するスピードが速いです。

　練習を生活の一部に取り入れてスケジュール管理できる人は、限られた練習をいかに効率よく出来るか、ジムに来ない時間を使ってどうやって上達するかを考えることが出来ている人が多いです。

　柔術はあくまでライフワークの一部であり、人生を豊かにするためのものです。他人ではなく、昨日までの自分と比較し、少しでも成長出来ているかを意識しましょう。そして自分の生活や体調に合わせた柔術との向き合い方を見つけていただければ幸いです。

第3章

テクニック

【1】守り→制御→攻めという思考

テクニックを覚えて技を成功させるためには相手と攻防しなければならない。
そのためにはいきなり攻めるのではなく、
守り→制御→攻めという思考を持つ必要がある。

柔術の練習を始めると、どんな人でも自分が攻めるための技を覚えたがります。やはり攻める方が楽しいですし、指導する側も教えて喜んでもらえる攻める技を教えたくなるものです。

ただしスパーリングや試合になると相手もディフェンス・対応してくるので、簡単に技はかかりません。無理に技をかけようとしてかからない、逆に相手に技をかけられてやられてしまう。そういう場面に遭うことが非常に多いです。

ではどうすれば技がかかるようになるか。それは相手と攻防することです。そして相手と攻防するために、最初に必要になることが相手の技をディフェンスする＝「守り」です。相手の技を守ることができなければ、相手に技をかけられ続けることになり、自分が攻めることは出来ません。まずは相手の技を守ることが必要です。

守ることを覚えて相手に技をかけさせない。これを繰り返していくうちに相手にも隙が生まれて、今度は自分が攻めるチャンスがやってきます。相手にやられない・守ることは攻めへの第一歩なのです。

そして守りを覚えたら、そこからいきなり攻めるのではなく、相手をコントロールすること＝「制御」が必要です。相手の攻撃を守ることが出来ても、相手はまだ動ける状況にあります。その状況で技をかけたとしても、今度はこちらの攻撃を守られてしまいます。そこで相手の動きを制御し、動けない状況にしてから「攻め」＝技をかけるのです。また相手を制御するということは、自分のバランスを整える意味もあります。いくら相手の攻撃を守ることが出来ても、自分のバラン

スが不安定なままで攻めると技はかかりません。そういった意味でも守りから攻めに転じる途中に制御することが大事になります。あくまで守りや制御は攻めるためのものです。守りや制御を覚えることで攻めやすくなる、技がかかりやすくなる。攻めるための守り・制御だと捉えてください。

　実際に私も「攻めが上手くいかない」という悩みを持つ人に守りや制御についてアドバイスすることが多いです。「守るべきタイミングや制御すべきタイミングではむやみに攻めない」や「自分が攻めるべきタイミングや攻めるターンが来たら攻めよう」とアドバイスをすると、技がかかるようになるものです。もしスパーリングや試合で上手くいかないと感じることがあったら、一度、守りや制御の部分を見直してみましょう。

　この考えは柔術の試合時間やポイント制も大きく影響していると思います。柔術は試合時間が長いため、守りを固めて相手にポイントを許さず、相手を疲れさせてから自分が攻めてポイントを取って勝つという戦い方が出来ます。

　逆にレスリングのように短い試合時間でポイントを取り合うルールであれば、守りよりも攻撃する回数や時間を長くして押し切ることが出来るでしょう。もちろんレスリングでも攻め一辺倒では勝てないですし、守り・制御も重要な要素にはなると思います。どんな競技においても守り・制御・攻めという考えは共通していると思いますが、そのなかでも特に柔術はそれが特徴として出やすい競技かもしれません。

【2】柔術における距離や間合い

打撃系格闘技で距離や間合いが重要であるように、
柔術においても距離や間合いは重要だ。
これまで語れることが少なかった柔術の距離と間合いをここで説明しよう。

　打撃系の格闘技では距離や間合いの重要性が語られますが、私は柔術において
も距離や間合いが重要だと考えています。柔術で相手を殴ったり蹴ったりするこ
とはないですが、相手と一対一で戦う格闘技として、自分の体型やファイトスタ
イルによって距離や間合いは変わってきます。

　例えば手足が長くてリーチが長い選手は相手から遠い距離で動く技の方がかかり
りやすいですし、手足が長くないリーチが短い選手は相手と近い距離で動く技の
方がかかりやすいです。リーチの長いボクサーがアウトボクシング、リーチの短
いボクサーがインファイトする方が合っているのと同じ考えです。

　柔術では距離や間合いについて語られることが少なく、手足が長いのに近い距
離の密着系のパスガードを仕掛けていたり、手足が短いのに遠い距離で有効なス
パイダーガードをやろうとしたり、そういった人を見ることが少なくありません。

　また体型的な部分だけではなく、体の動き＝ムーブメントの部分でも遠距離系
の動きの方がスムーズに出来る、密着系の動きが方がスムーズに出来るというパ
ターンが出てきます。

　自分のファイトスタイルを構築する上で、自分の体型的・ムーブメント的特徴
を理解し、それに合った技をチョイスしていくことも強くなるための近道だと
思っています。

　また柔術は相手の道衣を持たずに引き込むことが反則ですし、基本的に相手の
道衣を掴むところから攻防が始まります。ものすごく相手が遠くにいるにも関わ
らず強引に引き込もうとすれば隙が生まれるし、動くスペースがない距離で引き
込もうとして相手に先に動かれることがあります。距離や間合いを把握していな
いまま引き込むと、その時点で自分が不利になっている、相手にポイントを許し

た状態で試合が始まっていることも見受けられます。

　格闘技は競技問わず距離や間合いはすべてにおいて重要なのです。

ベースを作る

パスガードなどトップから攻める技術を覚えたとしても、相手のボトムからの攻撃を受けてしまうと攻めることは出来ない。トップを取った時の第一段階として、ボトムから攻められない＝ベースを作る必要がある。

動画はコチラ！

❶正座ベース

FRONT

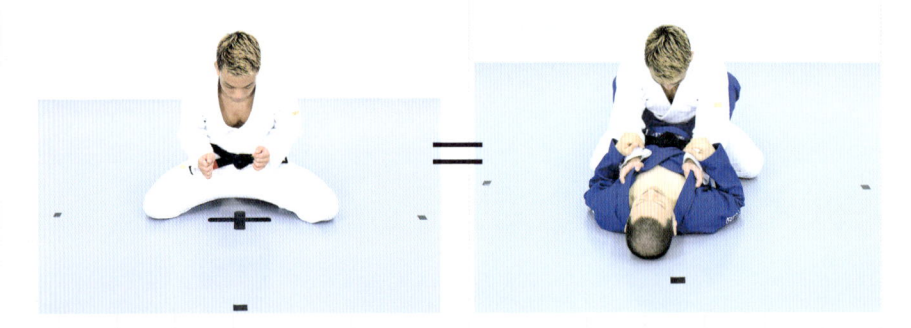

SIDE

相手に対して正座をしてベースを作る。足の甲をマットにつけ、尻を浮かさず、太ももはハの字に開き、脇を閉める。この姿勢は重心が低く安定するため、スイープやサブミッションをディフェンスできる。ただし重心が低い分、自分からパスガードなど攻めることが出来ない。正座ベースはあくまでディフェンスに徹するためのベースとして認識してもらいたい。

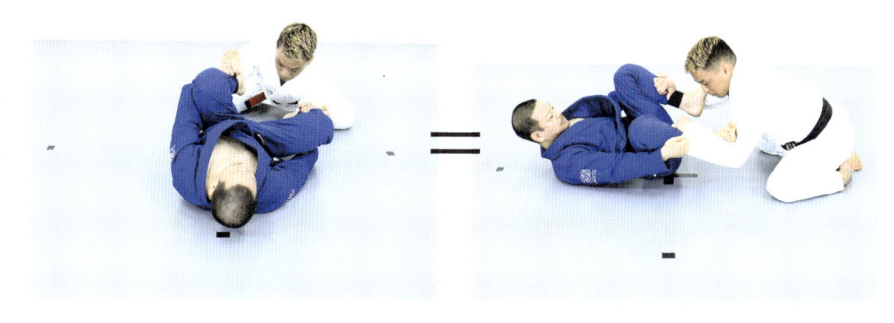

相手がスパイダーガード（ボトム側が足裏をトップ側の肘の内側に当て、袖を引いた状態）を取る場合、その目的は、トップ側の重心を浮かせスイープ等を狙うことにある。スパイダーガードに対しては、正座し重心を低く保つことで、その狙いを断つ。

NG 膝が閉じていたり、腋が開いていたりすると……

膝が閉じていたり、腋が開いていたり、腰の位置が高かったりすると、重心を崩されて転がされやすい。

❷コンバットベース

FRONT

相撲の蹲踞のような体勢でベースを作る。両膝を立てるか片膝を立てるかは相手の動きに合わせて使い分ける。正座ベースと比較すると自分から攻めることもできるが、基本的にはコンバットベースもディフェンス主体のベースとなる。

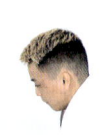

SIDE

片膝はマットにつけ、片膝を立てた場合

NG 膝が開いて上体が前傾していると……

コンバットベースで上半身を前傾させ、重心を前方へ移してしまうと、
重心を崩されて転がされやすい。

❸中腰ベース

寝ている相手に対して、自分が立ち上がって中腰になり、ズボンを持ってベースを作る。第2章で紹介した手に体重を乗せて動く（P50）と同ポジションだが、攻めに転じる動作を始める前のベースの姿勢としてはカカトを浮かさずマットにつけておく。かかとをマットにつけることで重心を安定させ、相手に襟を持たれたりしても、崩されないようにする。このベースが出来たら、そのままサイド・クロスステップで動くことが出来るので、ディフェンスからオフェンスへの移行がスムーズに出来る。柔術において最も使う頻度が多いベースと言える。

FRONT

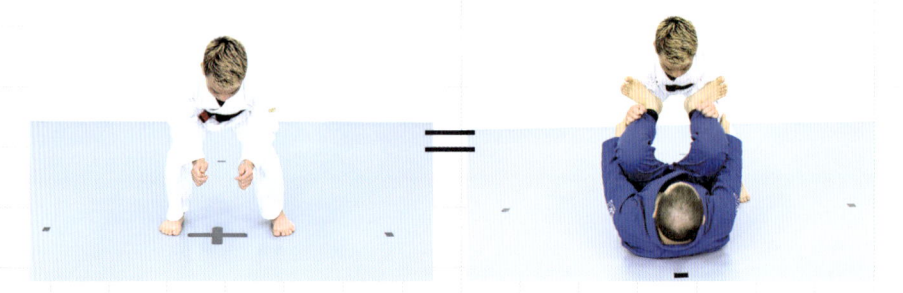

SIDE

NG

肘が開いていたり、腰の位置が高いと……

肘が開いていたり、腰の位置が高く前のめりになっていたりすると、重心を崩されて転がされやすい。

❹直立ベース

FRONT

完全に立ち上がって、相手から距離を取ってベースを取る。相手に襟を取られたり、どこかを持たれることがないので、すぐにオフェンスに移ることが出来る。中腰ベースから体を起こして直立ベースに移行するパターンが多い。

SIDE

メリット・デメリット

上体を上げている分、襟を取られにくい（①）が、相手に対して足が近くなり、脚を手で持たれたり（②）、脚に脚を絡ませるガードを取られたり、草刈りスイープを狙われるリスクが高い。

①

②

動画はコチラ！

02 ベースの移行

実戦では **01** で覚えた4つのベースを相手の動きに合わせて使い分ける必要がある。ここではその一例を紹介しよう。

❶正座➡中腰

▶ 正座

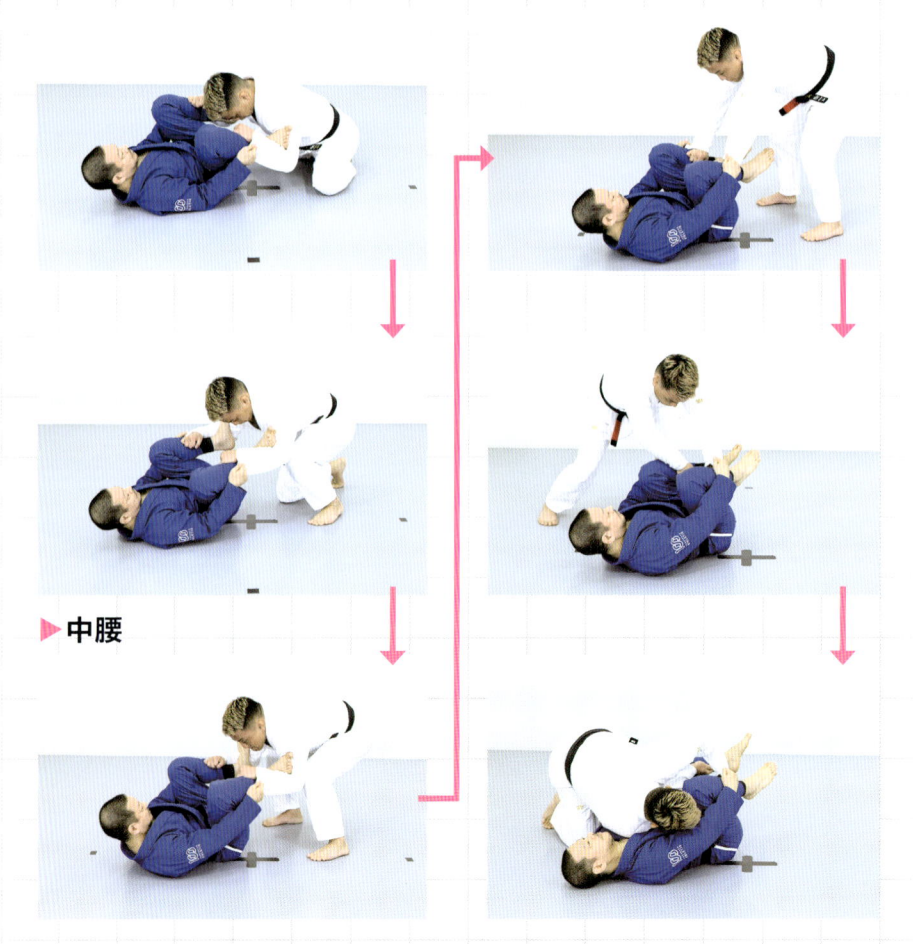

▶ 中腰

相手にスパイダーガードを取られたら、正座ベースで低重心を作る。これで相手の仕掛けを潰したら中腰ベースに移行し、P78で紹介する方法でスパイダーガードを切って、オフェンスに転じる。

❷コンバット
→中腰→直立

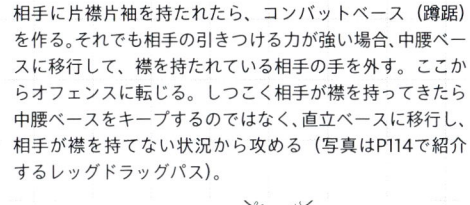

▶コンバット

相手に片襟片袖を持たれたら、コンバットベース（蹲踞）を作る。それでも相手の引きつける力が強い場合、中腰ベースに移行して、襟を持たれている相手の手を外す。ここからオフェンスに転じる。しつこく相手が襟を持ってきたら中腰ベースをキープするのではなく、直立ベースに移行し、相手が襟を持てない状況から攻める（写真はP114で紹介するレッグドラッグパス）。

▶中腰

▶直立

もし、直立ベースで相手がしつこく自分の脚に絡んできた場合は、中腰ベースに戻り脚を触らせないようにする。それでも相手が動き続けてきたら、一旦正座ベースでディフェンスに徹して、オフェンスに移るチャンスを待つ。あくまでこれはベースの移行の一例だが、このように相手の動きに合わせてベースを移行して柔軟に対応する。

動画はコチラ！

最適なフレームの作り方

①

④

②

⑤

③

⑥

　必要な考え方として、相手のどの部分が自分に近い場所にあるかを目で見て判断し、最適なフレームを作った上で、別の部位にも支えをつくり、ガードポジションに戻していく。どこか一カ所だけを押さえ続けているだけでは、違う場所から攻められてしまうためだ。例えば、相手がトレアドールパス（P112〜）などを仕掛け、自分の右体側側からポジションを取りにきて、相手の左肩が自分に近い場所にあったら、まずはその左肩を押さえてフレームを作り（①）、その後に、右足を相手の左鼠径部に当て（②）、左足の足回しの動

きによりガードに戻していく（③）。膝から入ってくるパス（P116〜）を仕掛けてきたら、その膝を押さえてフレームを作る（④）。相手のレベルが上がって肩と脚をどちらも近づけてくるような場合、肩と脚をどちらも押さえてフレームを作る（⑤）。相手がニースライスパスを仕掛け、自分の右体側側からポジションを取りにきた場合は、相手の右肩を押さえて侵入を防ぎ、膝を入れてニーシールド（⑥）……そういった初動のうえで、ガードに戻していくのだ。

NG 最初に自分から遠いところを押さえてしまうと……

よくある間違いとしては、肩が近くにあるのに足を押さえてしまい（①）、肩で潰される。足が近くにあるのに肩を押さえて（②）、足で潰される。ニースライスパスに対して膝を押さえてしまう（③）、もしくは遠い方の肩を押さえてしまい（④）、近い方の肩で潰されてしまう。スパーリングでパスガードされた時、押さえるべきところをちゃんと押さえられていたかどうかを確認しよう。

POINT ボトムでの守りはソロムーブ＆ペアドリルで練習する

　柔術は寝た状態で動く格闘技で、これは柔術独特の動きだ。ボトムでの守りはソロムーブ＆ペアドリル（P19～）で説明したものと重複するので、ソロムーブが出来ていれば、ソロムーブ＆ペアドリルに沿った形でボトムでの守りは出来るものとして理解していいだろう。

　なおペアドリルはパートナーに対象物としていてもらうことが基本だが、それだけでなく少し体重をかけてもらったり、技をかける（パスガードする）段階までにはいかず、ややリアクティブに動いてもらった方がより実践的な動きとリンクしてくる。パートナーを務める側もリアクティブに動くことでパスガードする感覚を覚えよう。

各ガードに対するブレイク

トップでの守りで相手のスイープやサブミッションを守ることが出来たら、
次は相手の動きを制御してから攻撃に移る。

 **NG** トップでの
制御なく攻撃すると……

 動画はコチラ！

トップでしっかりベースを作って相手のスイープやサブミッションを守ることが出来たら、次は攻撃に移るのだが、例えば片襟片袖を持たれり、スパイダーガードを取られたりした状態で、コンバットベースで相手の攻撃を守ることが出来ても、左右に動いてパスガードを狙ったら、相手がついてきてしまう。ここで強引にパスガードしようとすると、自分のベースが崩れてスイープされる可能性が出てくる。ハーフガードで正座ベースを作った場合も同様に、相手のハーフガードが活きている状態のまま攻撃を仕掛けると、脇をくぐられてバックを取られたりしてしまう（QR動画参照）。それゆえに、トップでの防御（＝ベースを作って守ること）が出来たら、次はトップでの制御（＝相手の動きを止めてガードから出る）というステップに移ることが肝要だ。相手のガードに入った状態から攻めるのではなく、一度相手のガードから出る＝相手のガードを制御してから攻撃に転じるのだ。

❶クローズドガードに対して

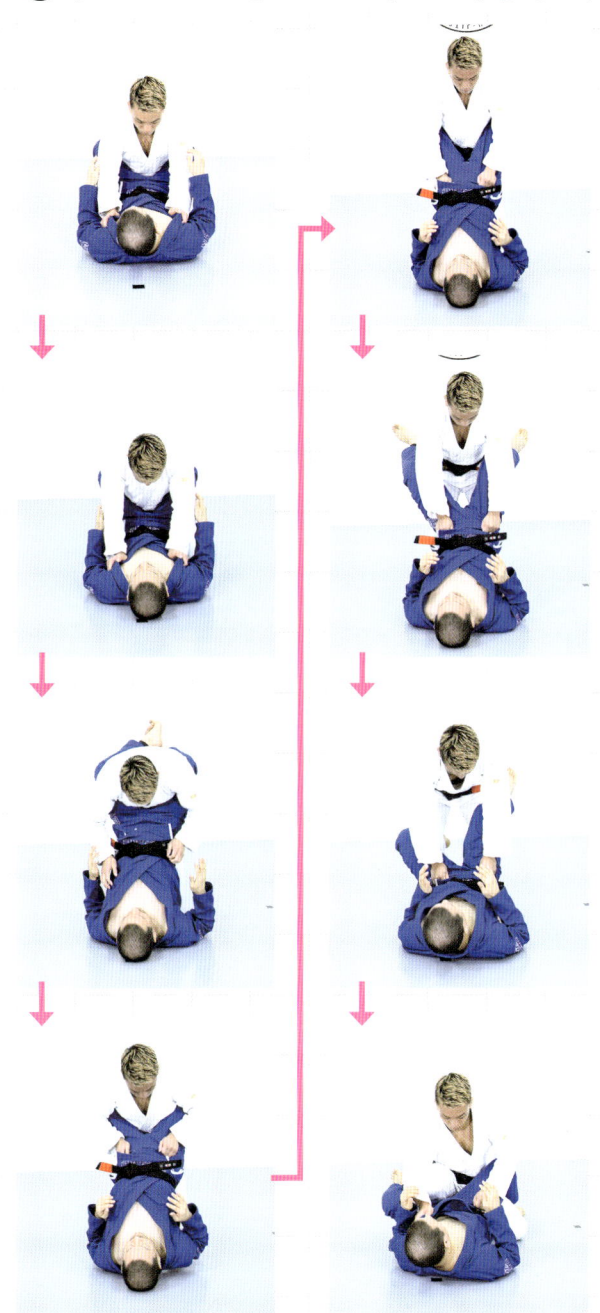

FRONT

襟を持って相手の腋を抑える。これは上がフレームを創っている状態で、これで相手に襟に持たれる・引かれることはない。ここから手に体重を乗せながら、腰を上げる・つま先立ちになって、前方に歩いていく（P50）。この時、相手の腰・骨盤の幅の内側で歩く。自分のかかとがつくところまで歩くことができたら、中腰ベース（P66）を取って、襟を持っていた手を腰に持ち替えて、相手の骨盤を押してクローズドガードを割る。写真では、クローズドガードを割った後、相手の両脚の内側に片膝を立て、片膝はマットについたコンバットベースに（P64）移行し、安定をはかっている。

動画はコチラ！

❶クローズドガードに対して

SIDE ▶

NG 相手の腰・骨盤の幅より外に足が出ると……

中腰ベースから前に歩く時、相手の腰・骨盤よりも外に足が出てしまうと、相手に足をすくわれてしまう。必ず相手の腰・骨盤の範囲内で移動することを意識する。

各ガードに対するブレイク

❷片襟片袖に対して

動画はコチラ！

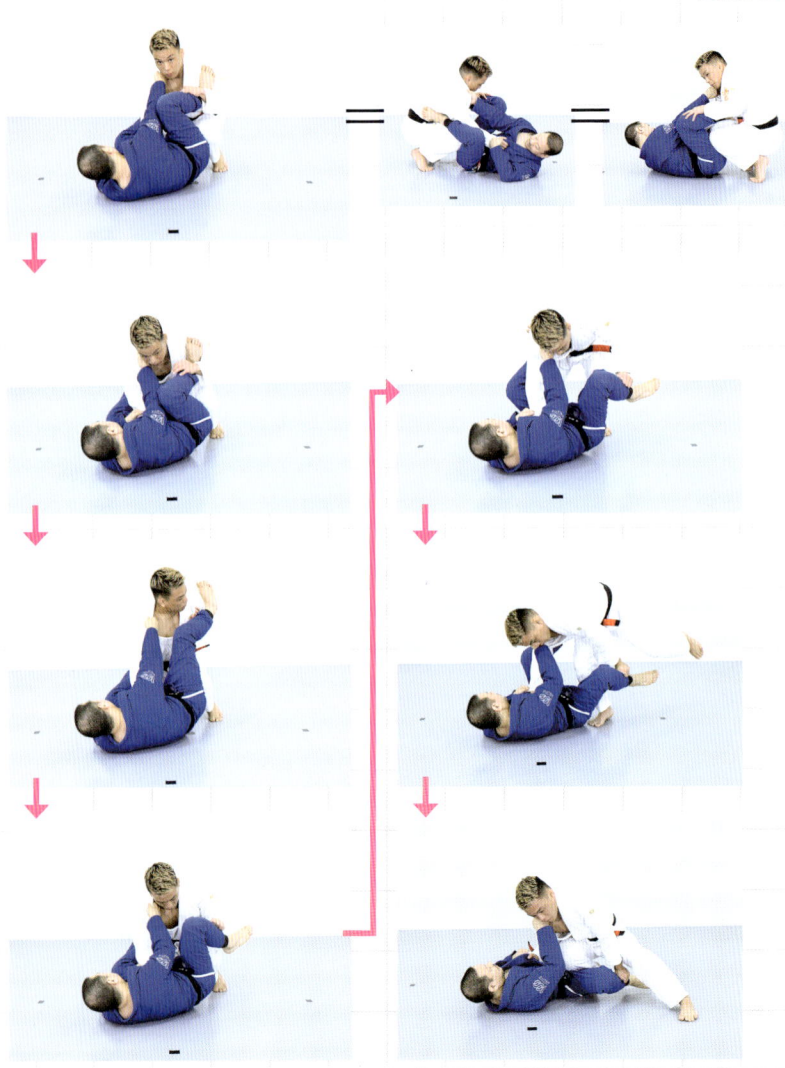

片襟片袖を取られたらコンバットベース（P64）を作る。この時、自分の膝（左膝）を相手の腿（右腿）裏に当てて、相手の足の動きを止める。また持たれている袖（右袖）を相手を引かれないように、相手の襟（左襟）を持って自分の肘（右肘）と膝（右膝）をつける。この体勢により防御のベースを整えたら、相手に蹴られている側の肩（左肩）を開いてスペースを作り、相手の脚（右脚）を内側から取る。この組手を作ることができたら、中腰ベース（P66）に移行してパスガードを仕掛ける。

POINT 肩を開いて相手の足を外す

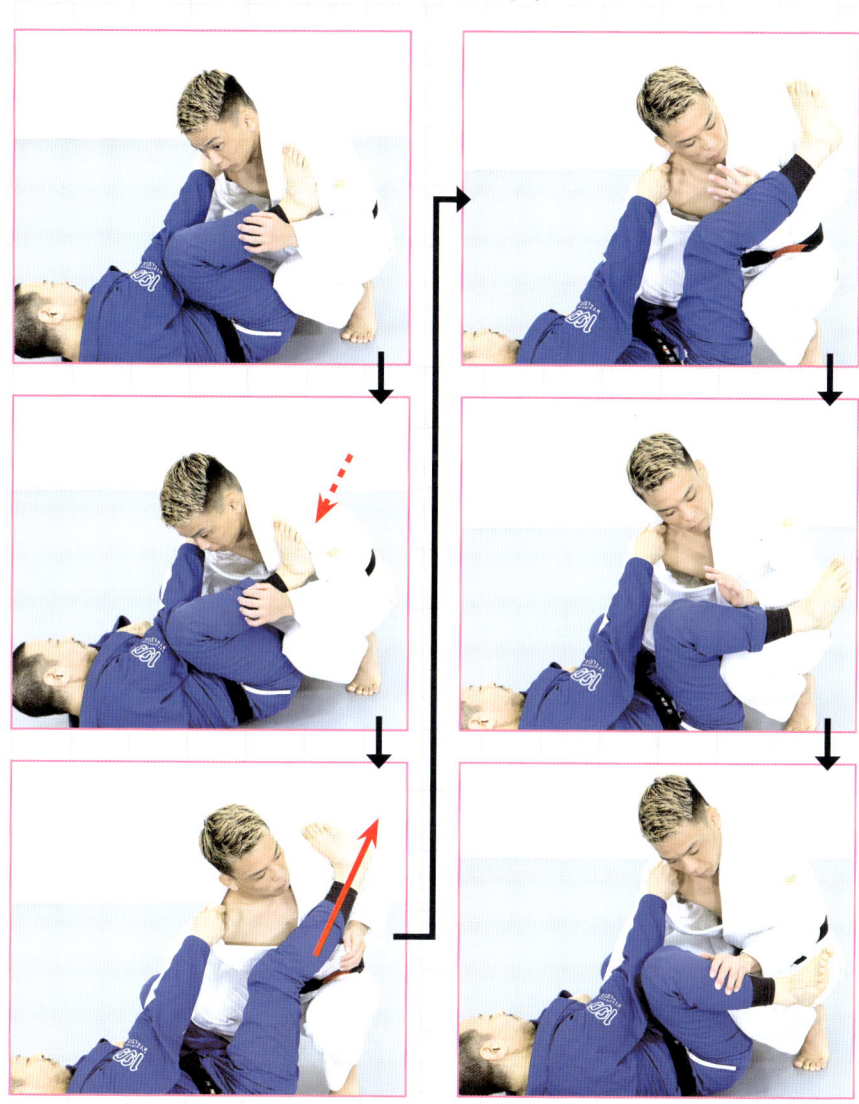

相手が上腕内側を押してくる足（右足）を外すコツは、左膝で相手に体重をかけ、相手が押し返してきたタイミングで相手に蹴られている側の肩（左肩）を開くこと。アクションを起こし、リアクションを引き出すことで、力の拮抗を崩す。

❸スパイダーガードに対して

▶中腰ベースから後ろに下がる

動画はコチラ！

▶膝で袖のグリップを切る

相手にスパイダーガードを取られた時、相手に足で角度をつけられるとスイープされたり、サブミッションを取られてしまう。まず最初にズボンを掴んで肘を絞り、中腰ベース（P66）を作って、後方に下がる。これで相手は足で角度をつけづらくなり、自分も相手に合わせて動くことが出来る。この態勢ができたら腕を伸ばしてガードを外す。

中腰ベースから後ろに下がってガードを外そうとしたときに、相手が片足を伸ばして片足を曲げてきた場合、後方へ下がって相手のキックを解除することは難しくなる。この場合は、相手の曲がっている脚（左脚）に対して、自分の膝・脛（右膝・脛）を差し込む。この形が出来たら右腕を回して袖のグリップを切って体を起こし、ここからパスガードを仕掛ける。

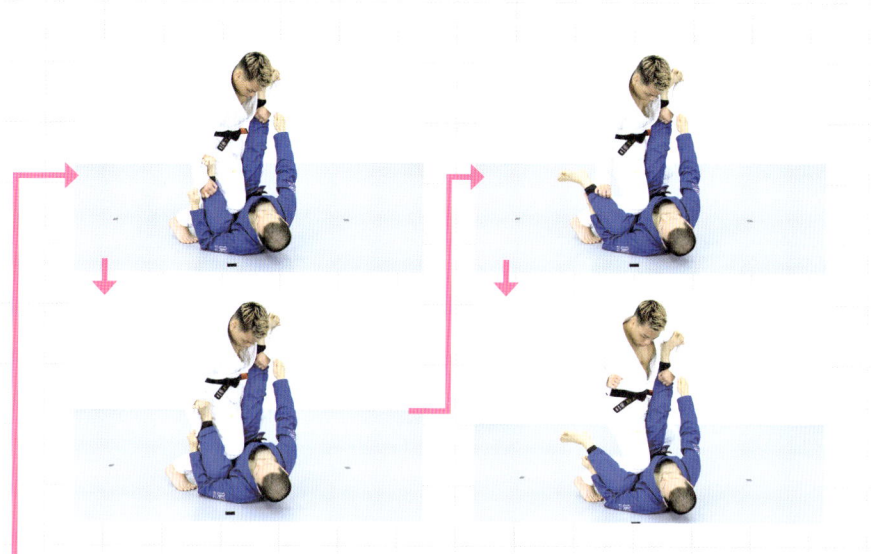

POINT 相手の脚で、相手のグリップを切る

グリップを切る際は、手を相手の脛の内側へ回してから上へ上げることで、相手の下腿部がストッパーとなり、相手は袖を掴み続けることができなくなる

❹ハーフガードに対して

動画はコチラ！

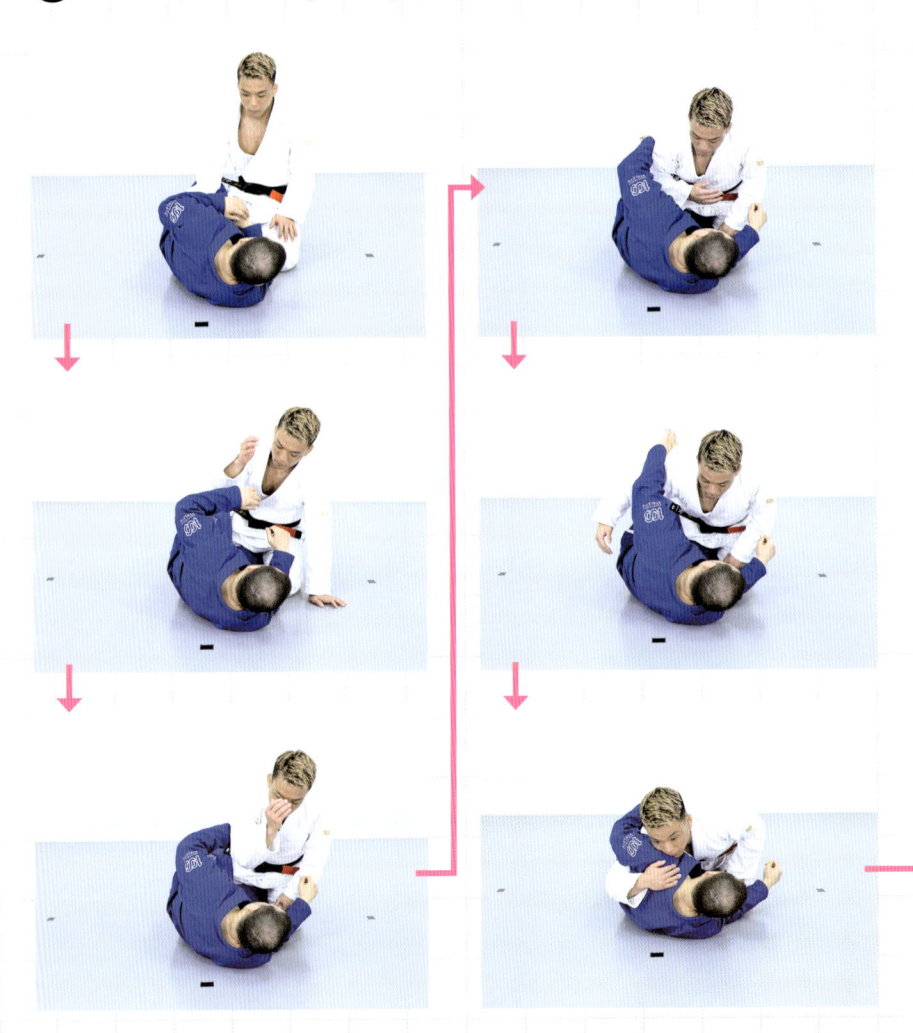

ハーフガードになったら腋を差す・枕を取る、この2つが大きなポイントとなる。ハーフガードになったからといってすぐにパスガードを狙うのではなく、必ず相手の腋を差しにいく。もちろん相手も自分の腋を差しに来るので、自分の肘（右肘）をしっかり締めて右肘を支点にしながら差しに行く。この時、右手を自分の胸に近づけると細かくタイトに腕を回すことができる。相手の腋（左腋）を差すことができたら、逆の手（左手）を相手の首に回して枕を取る。ここで両腕をクラッチしたら、自分の肩（左肩）で相手の顔・首筋にプレッシャーをかけて完全に相手を寝かせる。ここから腰切り（P52・P53）でパスガードを仕掛ける。

NG 腋を差しておかないと……

腋を差さずにパスガードを狙うと、相手に腋をくぐられてバックを取られる。必ず腋を差して枕を作り、相手の動きを制御してから次のアクションに移る、

❹ハーフガードに対して

▶ 腋を差す動き

▶ 枕を取って相手を寝かせる

❺足で足をコントロールする

相手のコントロールにより、自分の両手の自由を奪われている場合や、自分の両手を自由に使いたい場合、自分の足で相手の脚を制御・コントロールする。

両手を相手の脚をコントロールするのに用いた状況から、相手の脚を足で踏むことで、片手を自由に動かせるようになる

▼ 相手の脚を足で踏む

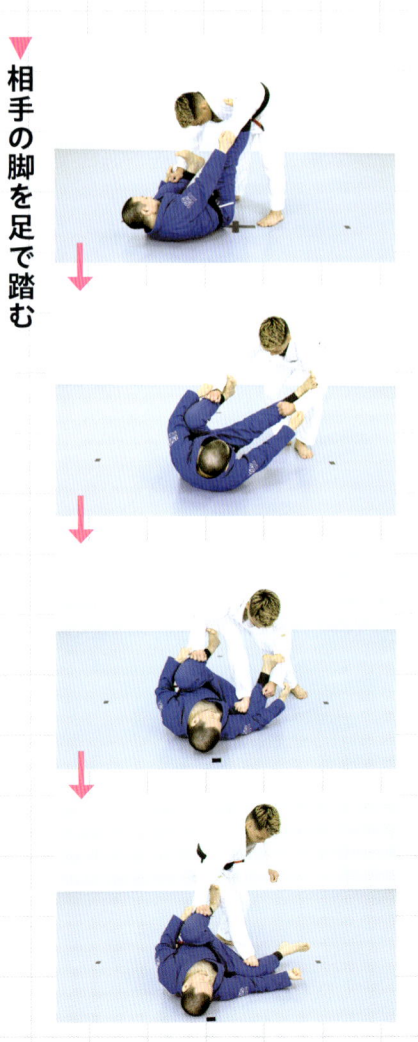

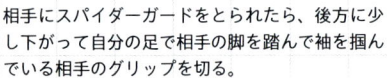

相手にスパイダーガードをとられたら、後方に少し下がって自分の足で相手の脚を踏んで袖を掴んでいる相手のグリップを切る。

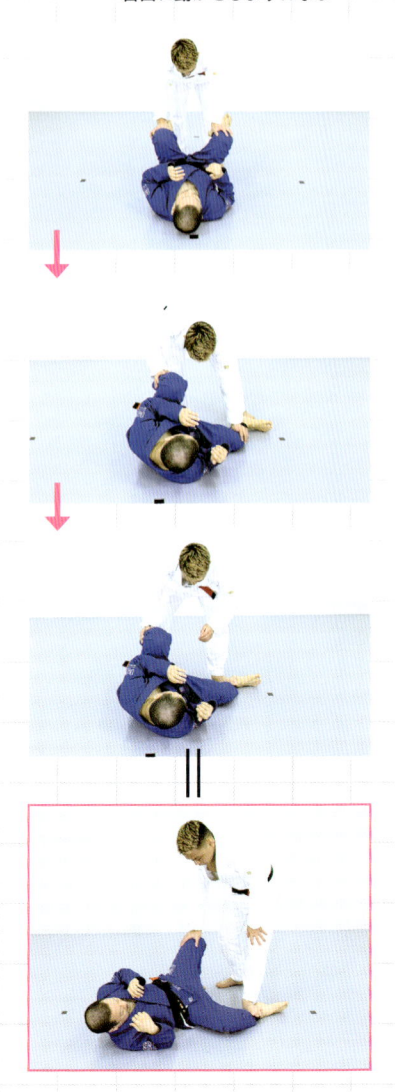

動画はコチラ！

相手の脚に正座する

正座ベース（P62）で相手の片方の脚を両脚で挟んで制御する。

相手の足クラッチを足で割る

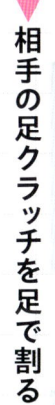

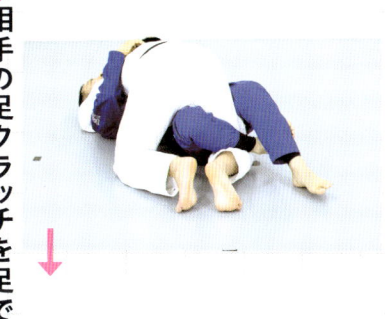

ハーフガードで脇差し＆枕で両腕を使ってしまっている場合は、自分の足で相手の絡んでいる脚を外していく。

01 ガードを作る

トップでの制御と同じようにボトム＝ガードから攻める前段階として、ガードでの制御が必要だ。まずはガードの作り方から紹介しよう。

❶立位から引き込む

片襟片袖へ

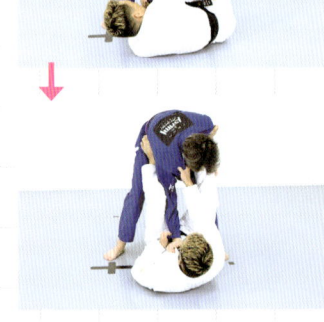

立った状態で相手の右袖を左手で持ち、相手の左襟を右手で持つ。この2点を持っていれば相手の上体を引く、押すことが出来る＝コントロール出来る。この組手が出来たら、袖を持っている手と同じ側の足を相手の腰に当て、ガードに引き込む。この時に、立位で足を腰に当ててから身体をマットに下すのではなく、身体をマットに下しながら下から上に相手を蹴り上げるイメージで足を腰に当てる。これで相手を引き込んだら、空いている方の脚を胴に回してクローズドガード、もしくは空いている方の足を内回して肩を蹴り、右手を左襟に持ち直して片襟片袖の形を取る。

動画はコチラ！

▶クローズドガードへ

POINT 同側の襟を持つ

NG

同側の襟（右手で左襟）を持っていれば、右手で突いて相手の左半身を遠ざけたり、右手で引いて相手の左半身を引きつけたりといったコントロールができるが、立位の段階で対角の襟（右手で右襟）を持っていると、相手の左半身に対する制御がなく、相手は自由に左半身を寄せたり遠ざけたりしてしまう。

4 ボトムでの制御

01 ガードを作る

❶立位から引き込む

▶ ハーフガードへ

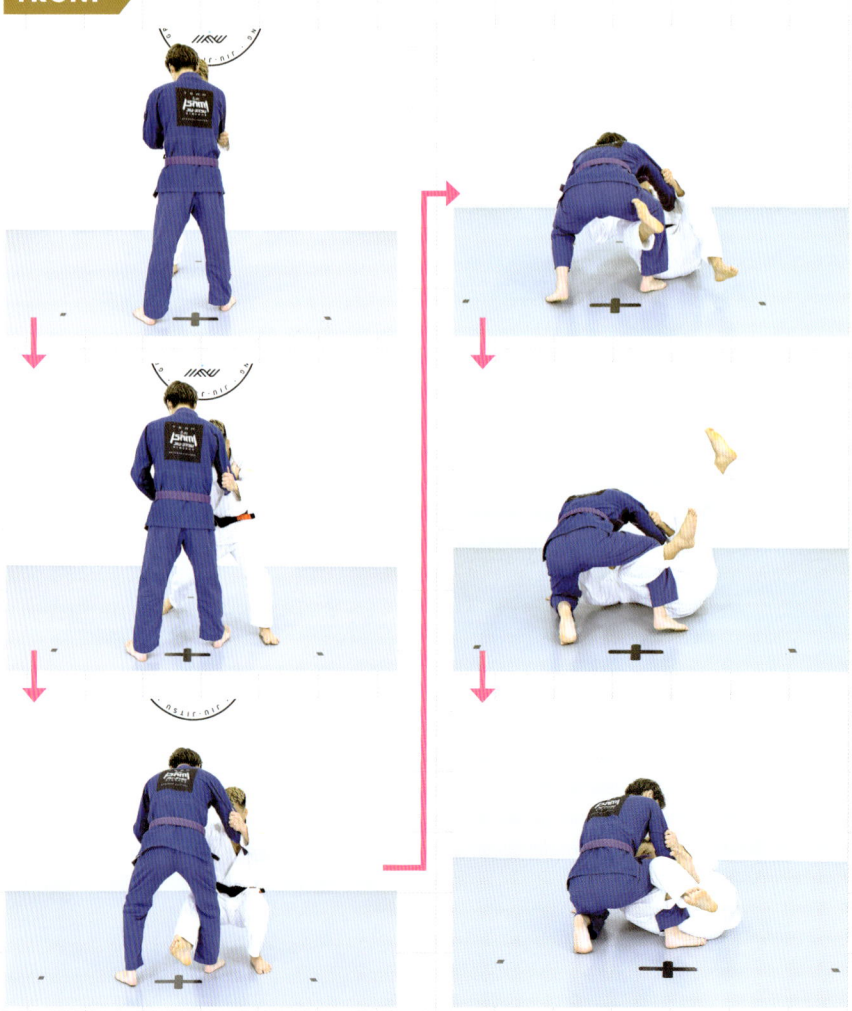

ハーフガードで引き込む場合はP86と同じ組手を作ったら、袖を持っている側に一歩ステップして相手の外に出る。P86とは逆の足（襟を持っている側の足）を相手の脚に内側からかけるように引き込んでハーフガードを取る。

BACK

SIDE

動画はコチラ！

❷寝た状態から片襟片袖を持つ

相手にズボンを掴まれて横に回られたら、まず相手の肩を両手で抑え、足回し（P24）を用いて両足を使ってフレームを作る。このフレームが出来たら、肩から手を離し、相手の片襟片袖を持って、袖を持っている側の足を外に蹴り出し、ズボンを掴んでいる相手のグリップをカットし、自由になった足を相手の鼠径部に当てる。

▶🎞 別角度でみる

❸寝た状態から スパイダーガードをつくる

動画はコチラ！

スパイダーガードをつくることを狙う場合、自分が寝ている初期段階で自分の両膝を寄せておき、自分の手を足に近づけておく。それにより、相手にズボンを持たれたらすぐに相手の袖を掴み、足回しをして相手の肘の内側に自分の足を置く。この時、自分の脇は閉じておく。これが出来たら片方の脚を伸ばし、逆の脚は足回ししながら自分の手を顔の前に引きつつ脚を伸ばし、ズボンを持たれているグリップを切る。グリップが切れたら再び足を相手の肘の内側に置く。これが出来たら同じようにもう一方もズボンを持たれているグリップを切って肘の内側に足を置いてスパイダーガードを作る。

📽️ ▶ 別角度でみる

動画はコチラ！

❹シッティングガードから
片襟片袖を持つ（立位・寝た状態）

▶ シッティングガードから片襟片袖を持つ（立位）

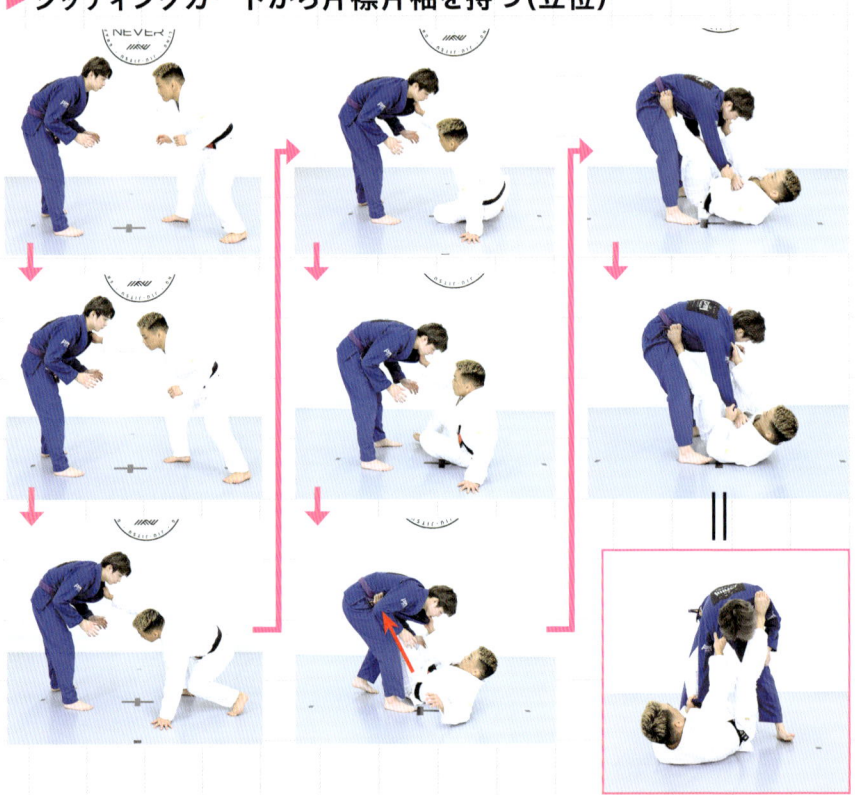

ブラジリアン柔術の試合においては、立位でお互いに襟や袖を持つ状態をつくらずに、自分が片手（右手）で同サイドの襟（左襟）を持ったら、直ちに逆の手（左手）をマットについて座る姿勢（シッティングガード）をとることも多い。ここから襟を持っている側の足でマットを蹴って、マットについている手と同じ側の足を相手の腰を蹴り上げる。この時にマットについている手（左手）と足（右足）でバランスを取って尻を上げることで相手をしっかりと蹴り上げることが出来る。この形が出来たら片襟片袖の形を作る。

▶ シッティングガードから片襟片袖を持つ(寝た状態)

自分が寝ていて相手と離れた状態からでも同様に、左肘→左手とマットについて右足で
マットを蹴って後方に下がりながら上体を起こし、右手で相手の右襟を掴んだら、直ちに
マットについている左手と右足でバランスを取って尻を上げ、左足で相手の右腰を蹴り上
げる。この形が出来たら①と同じように、左手で相手の右袖を持ち、片襟片袖の形を作る。

<table>
</table>

ガードを キープする

02

正しくガードポジションを作ることができたら、攻撃に転じるわけだが、その前段階として重要なのがガードポジションしっかりと維持できることである。相手のアクションに対しても自分のガードを崩さないための術を身につけよう。

❶クローズドガード

▶ 相手の肘が開いている場合

動画はコチラ！

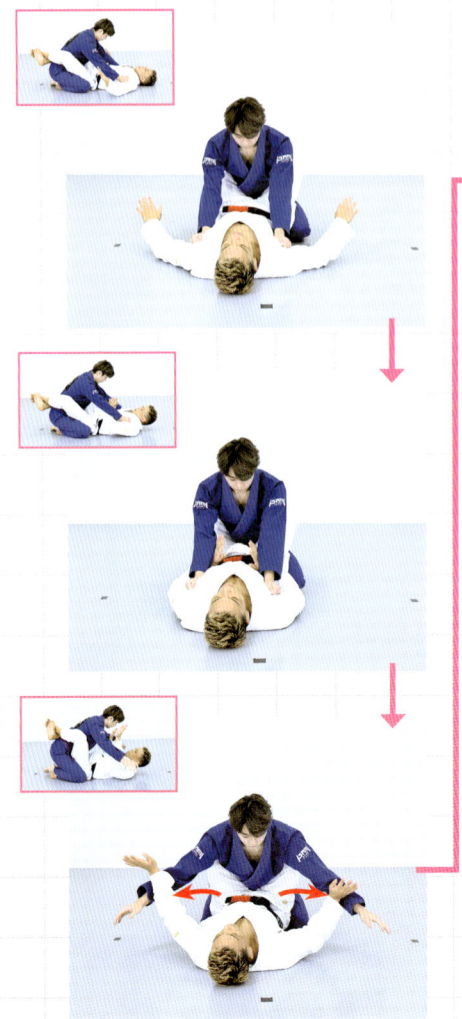

P73でも説明した通り、インサイドガードの（クローズガードに対し、上になった）選手は襟を持ったり脇を押したりして、こちらの動きを制御してくるので、平泳ぎするようなイメージで自分の手を相手の腕の下側から内側に入れる。これと同時に自分の足で相手の上体を引きつけて前のめりにさせる。これが出来たら、自分の得意な組手で攻める形を作る。

▶相手が肘を絞っている場合

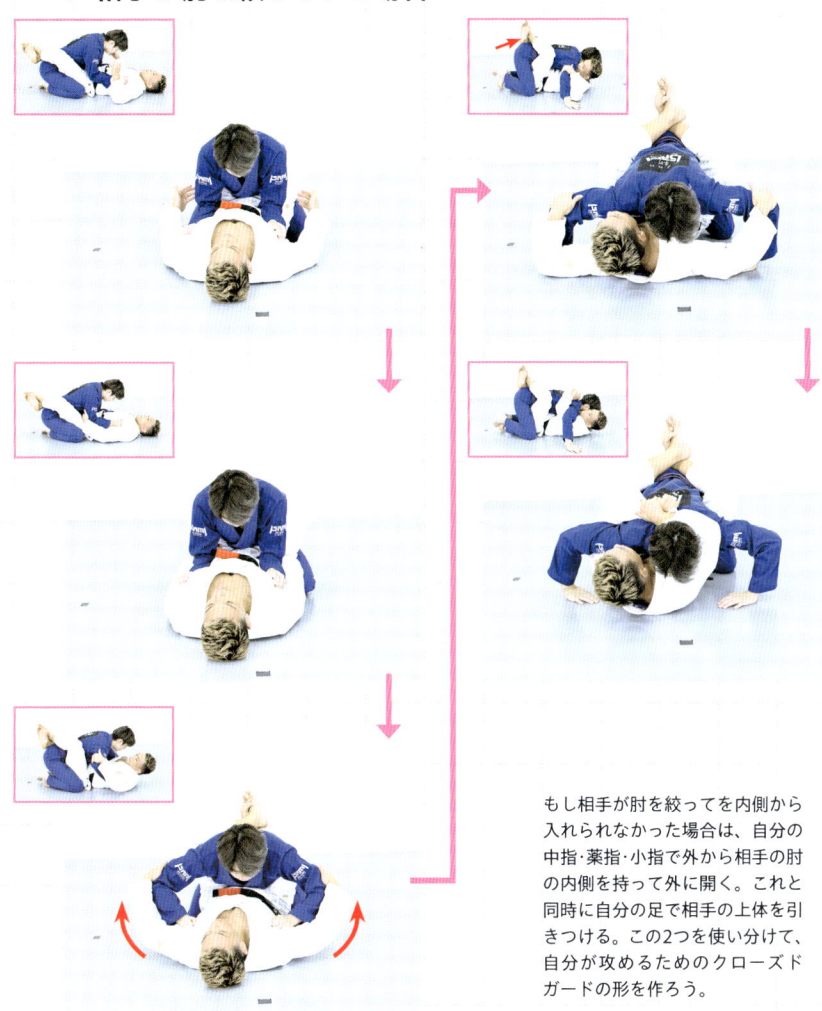

もし相手が肘を絞ってを内側から入れられなかった場合は、自分の中指・薬指・小指で外から相手の肘の内側を持って外に開く。これと同時に自分の足で相手の上体を引きつける。この2つを使い分けて、自分が攻めるためのクローズドガードの形を作ろう。

別角度でみる

❷片襟片袖

動画はコチラ！

相手の肩を蹴っている足を外されてまたがれた場合は、襟を持っている手を相手の鎖骨に当てるように突き放し、相手が上体の距離を縮めようとしても、スペースを保つ。相手の腰を蹴っている足を回して相手の肩をかかとで蹴ってさらに距離を作り、外された足を戻して再び相手の肩を蹴る。この足が戻ったら、逆の足も戻して相手の腰を蹴る。

POINT スペースを作る＝真っすぐ蹴る

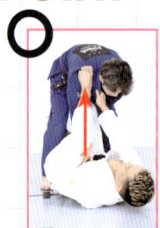
〇

✕ →

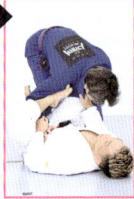

❸スパイダーガード

動画はコチラ！

スパイダーガードの形を作ったら（P92）、相手も左右に動いてガードを外そうとしてくる。その時は相手が動いた方向の足で相手の腕を踏むようにして逆エビ（近い足の逆エビ＝P26）をして、逆の脚を伸ばしてスパイダーガードの形をキープする。相手にズボンを持たれていると、自分の動きが制御されてしまうので、P92のグリップを切る動きは常に意識しておく。

❹ハーフガード

動画はコチラ！

▶相手が枕を取ろうとするのをおでこで受ける

ハーフガードを取っていると、P80のように相手は腋を差す・枕を取る・寝かせることを狙ってくる。それを阻止するために、自分は顎を引いて腹筋に力を入れて丸くなる。体を丸めて背中をマットにつけない＝寝かされない状態を作り、顎を引くことで、相手が枕を取ろうとする腕をおでこで受ける。

NG 顎を引いていないと、相手に枕をつくられ、エビなどの動作を封じられてしまう

▶ 肩をぶつけて腋を差す

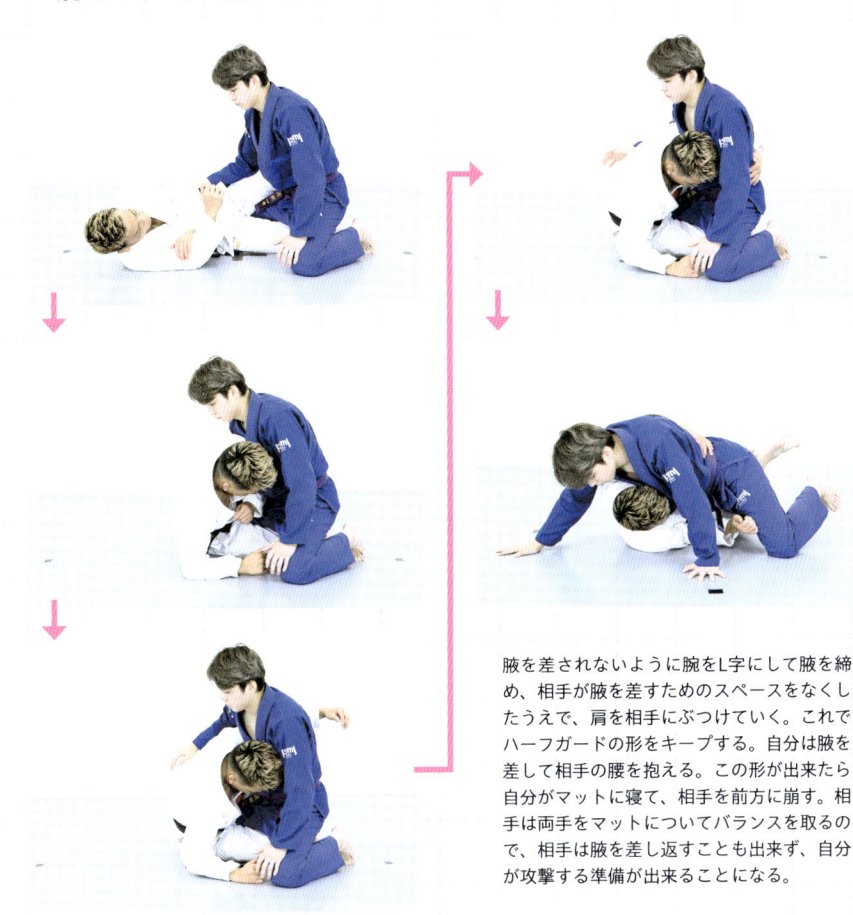

腋を差されないように腕をL字にして腋を締め、相手が腋を差すためのスペースをなくしたうえで、肩を相手にぶつけていく。これでハーフガードの形をキープする。自分は腋を差して相手の腰を抱える。この形が出来たら自分がマットに寝て、相手を前方に崩す。相手は両手をマットについてバランスを取るので、相手は腋を差し返すことも出来ず、自分が攻撃する準備が出来ることになる。

▶ 別角度でみる

腋を差す過程を別角度でみたところ

パスガードの基本的な考え方

トップでの攻めとして、パスガードを紹介する。
具体的な技術を覚える前に、どうすればパスガードが成功するか。
そのメカニズムを理解しよう。

　パスカードには大きく分けて２つの種類がある。

　１つは相手との密着を減らし、適度な距離を保ちながらスピードやアングルを使ってパスを狙うルースパス（Loose Pass）、１つは密着して相手にスペースを与えず、圧力をかけながら進めるタイトパス（Tight Pass）だ。

　パスガードを成功させるコツは、ルースパスとタイトパスの２つを使い分けながら、そのどちらかで最終的にパスガードするという考え方を持つことだ。「柔術における距離や間合い」（P60）でも説明したように、この２つは技の距離が違うので、それぞれの基本的なディフェンスも異なる。ルースパスとタイトパスを交互に仕掛けることで、相手のディフェンスの反応が遅れたり、誤ったディフェンスをしてしまうことがあり、まさにその時がパスガードを成功させるチャンスだ。

　また実際の試合では前半からタイトパスを続けて相手を疲れさせておいて、後半にルースパスを仕掛けて一気にパスガードするというパターンもある。

　自分が仕掛けたパスガードに対して、相手がどんなリアクションをするか。そこも見極めながら次の技を仕掛ける。そこでルースパスとタイトパスを使い分けることがパスガードを成功させるポイントとなる。

　P104からはルースパスとタイトパスの代表的なものを紹介し、P120からは「相手のリアクションに合わせたパスガード」として、ルースパスとタイトパスを使い分けてパスガードする例を挙げているので、ぜひそれを見て具体的にパスガードをイメージしてもらいたい。

　柔術ではパスガードにいろいろな名前が付けられているが、単体の技として覚えるのではなく、それがルースパスなのか、それともタイトパスなのか。その違

いを認識することも重要だ。自分が今仕掛けているパスガードがルースパス・タイトパスのどちらなのかを理解しているだけでも、パスガードの成功率は変わってくる。

　この本ではパスガードの名前が先に来るのではなく、ルースパスとしての「〜〜パス」、タイトパスとしての「〜〜パス」という分類の仕方をしている。技を覚える際にもルースパスだけ、タイトパスだけにならず、2パターンのパスガードを覚えてバランスよく技の引き出しを増やそう。

　ただし選手の中には職人的にどちらかのパターンの技だけを極める選手もいて、ひたすらタイトパス＝担ぎパスと噛みつきパスを繰り返して大会で優勝するような選手もいる。

　更にパスガード成功の確率を高めるには、ルースパスとタイトパスの考え方に合わせて左右に動くコンセプトも覚えていただきたい。

　距離を使って相手にパスを仕掛けながらも左右に動くことで相手は身体の向きを変えたりフレームを作ったりと対処が増える。そうすることによって相手は対処が遅れパスの成功確率も高まる。

　特定の〇〇パスを覚えるのではなく、距離と方向を意識することでパスの成功率は圧倒的に高まるのだ。

パスガード

ここでは具体的なパスガードを紹介していく。パスガードの形だけではなくタイト・ルースでも分類して説明しよう。

❶タイトパス（担ぎ・噛みつきパス）

タイトパスの代名詞と言える担ぎパス。コンバットベース（P64）を取ったら、

片方の手（左手）で相手の右脚を担いで、逆の手（右手）で相手の左足をマットに押しつける。この形が出来たら

▶ **片脚担ぎ**

担いでいる相手の脚（右脚）の太もも裏に自分の体重をかけて、やや斜め外に出る。体重をかけてサイドに回る段階では、両膝はマットから浮かせておく。

これで相手を担ぎきったら、担いでいる手で相手の対角の襟（左襟）を持つ。その襟を引きつけながら、自分の頭で相手の体を押して

相手のお尻が浮いたところで相手のズボンを掴む。左膝をマットにつき、相手の腰を持ち上げながら、相手の膝（右膝）を対角の肩（左肩）につけるイメージで体重をかけていく。

パスガードする。

POINT ズボンを持ったら膝でストッパー

片脚担ぎ・両脚担ぎで相手のお尻を浮かせたら、ズボンを持って膝を立てる。この時、立てた膝を相手のお尻につけて壁＝ストッパーを作る。この膝があることで相手は担がれた状態から戻ることが出来ない。

動画はコチラ！

▶ 両脚担ぎ

相手の片方の脚（右脚）を担いだ時、相手は逆の脚（左脚）を上げて担ぎパスを防いでくる場合がある。その時は相手が左足を上げてくるタイミングで両足とも担いで、自分の両手をクラッチする。

両手をクラッチしたら正座をして、相手のお尻を自分の太ももの上に乗せて、お尻を浮かせる。こうすることで相手はエビが出来ない。

ここからは片脚担ぎと同じようにどちらか（ここでは自分の右側）から体重を乗せて、両手で相手の右襟を持ち、相手のお尻を浮かせたままにする。

左手でズボンを持って、左膝を立てる。

右手で持っている襟を引きつけながら、自分の頭で相手の体を押して

パスガードする。片脚担ぎと異なり両脚担ぎは脚を担いだ後に、左右どちらからでもパスできる。

パスガード

❶タイトパス（担ぎ・噛みつきパス）

▶噛みつき

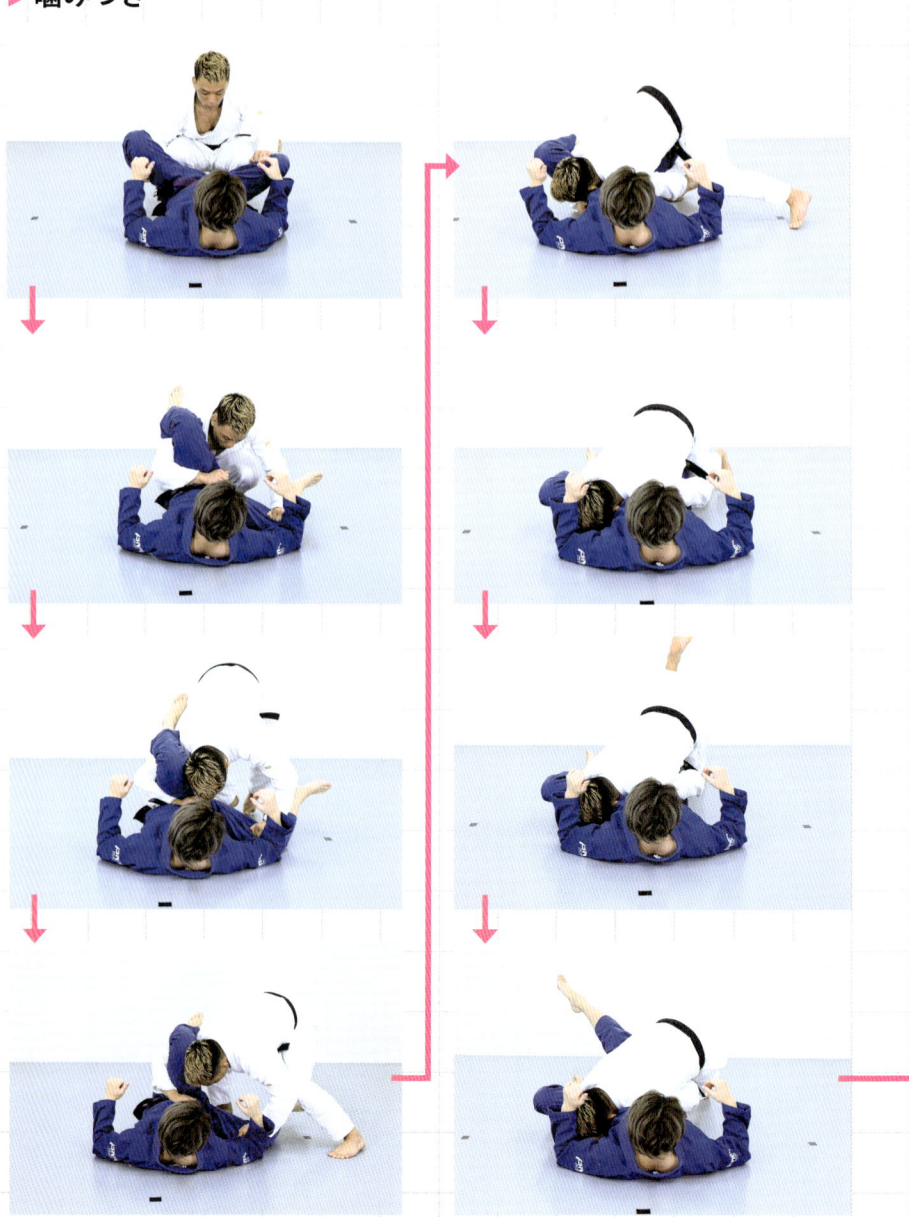

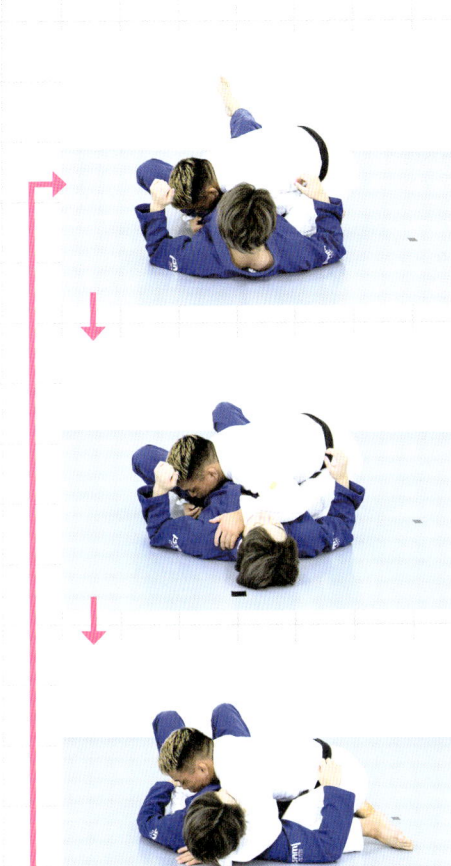

片脚担ぎ（P104）と併用して使える技。相手の片足（左足）を担いだ後、相手の右脚を上から抑え、片脚担ぎとは逆サイド（自分の左側）に回る。左足を相手の右脚の外側に出したら、両脚で相手の右足を挟んでいったん右に回って自分の脚を相手の右脚にフックし、これと同時に自分の顎を相手の骨盤に置く。この態勢が出来たら自分がプランクの体勢をつくり、相手の右脚を伸ばし、相手の骨盤を左右に動かないように固定する。相手の骨盤を固定したら、自分の右足で相手の右脚をまたいでパスガードする。

別角度で みる

▶ 脚の抜き方

❷タイトパス（膝を抜くパス）

動画はコチラ！

▶ ニースライス

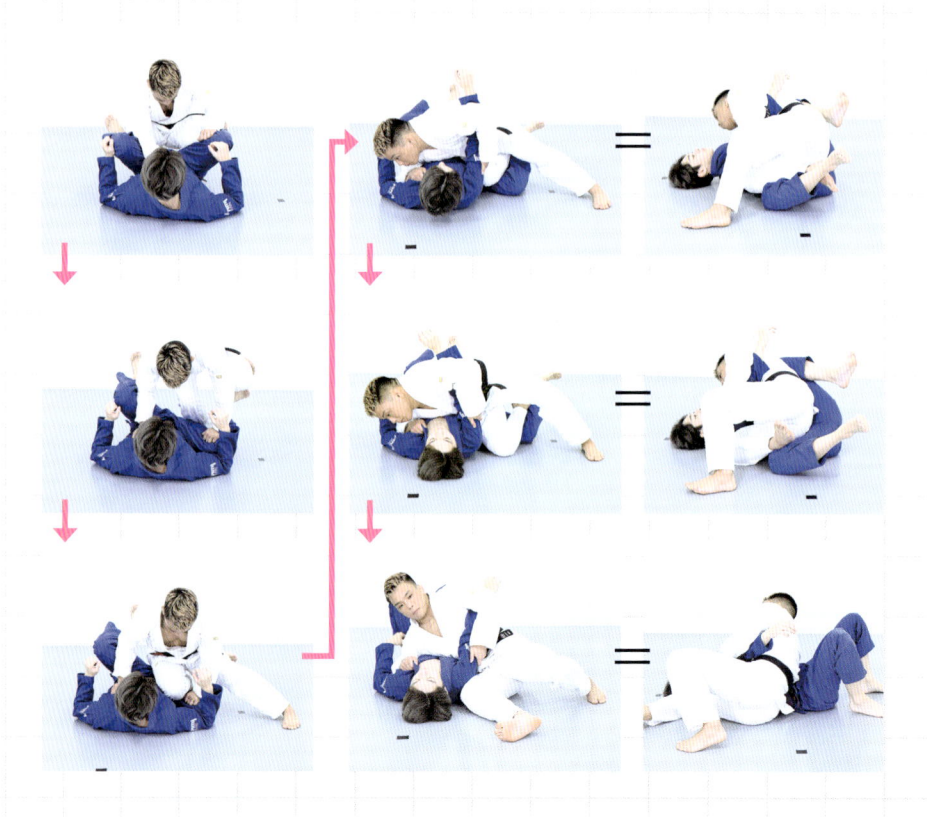

コンバットベース（P64）から、自分の右手で相手の左襟を持ったら、反対の手（左手）で相手の右膝の内側を持ってマットに押して寝かせる。両手に体重を乗せて動きながら、左膝を斜めに入れてクロスステップする（P51）。自分の右肘を相手の左腋の下に落としながら、左手で相手の右肘を手前に引き、前への腰切り（P52）でパスガードする。

▶ニースルー

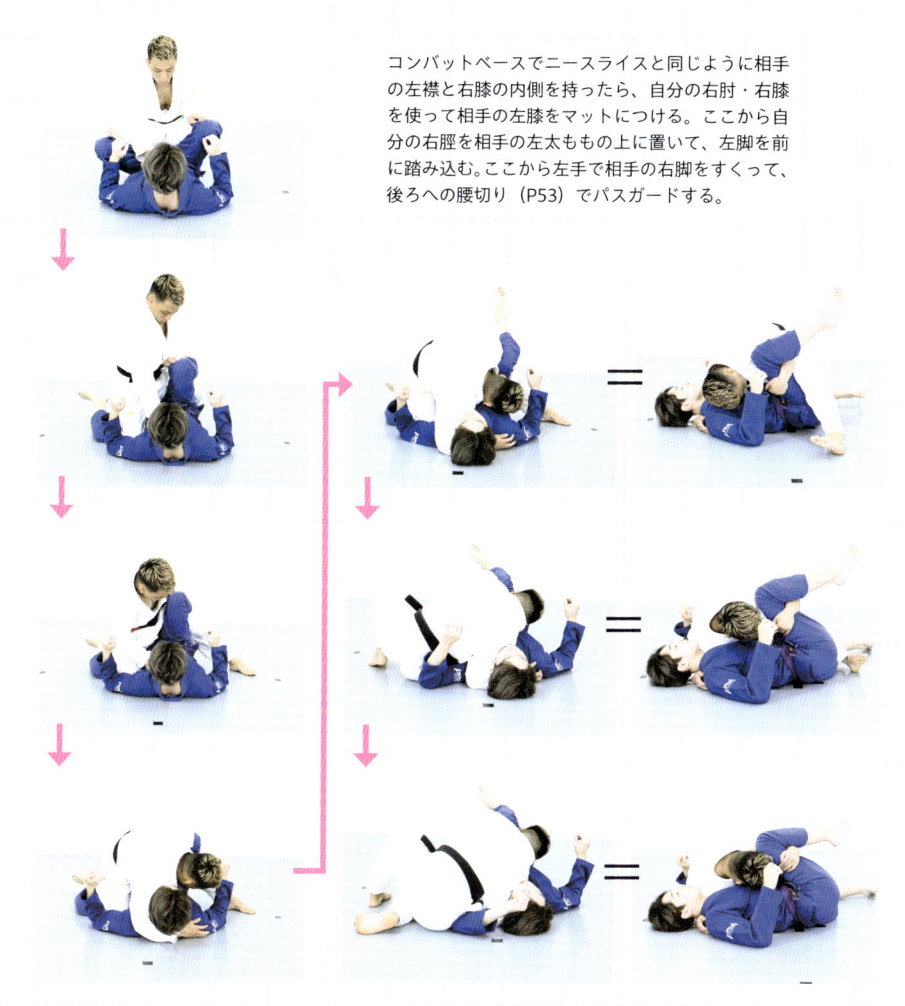

コンバットベースでニースライスと同じように相手の左襟と右膝の内側を持ったら、自分の右肘・右膝を使って相手の左膝をマットにつける。ここから自分の右脛を相手の左太ももの上に置いて、左脚を前に踏み込む。ここから左手で相手の右脚をすくって、後ろへの腰切り（P53）でパスガードする。

🎞 別角度でみる　▶ 後ろへの腰切りで膝を抜く

❷タイトパス（膝を抜くパス）

▶ ハーフパス

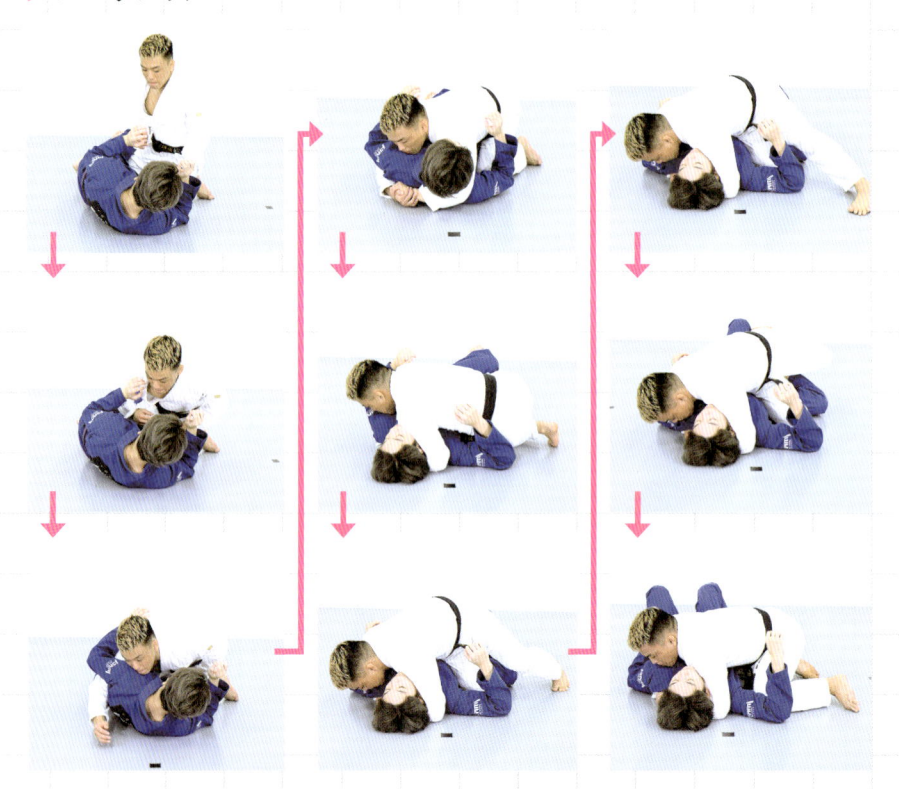

ニースルーやニースライスでパスガードを狙う過程で相手に
脚を絡まれ、ハーフガードを取られた場合。相手の動きを制
御したら（P80）、後ろに腰を切る（P53）。この時、お尻を
マットにつけないようにする。お尻をマットにつけてしまう
と相手に体重が乗らないからだ。一度この形を作ったら、今
度は前に腰を切る（P52）。これで自分の右膝を抜いてパス
ガードする。もし相手の足のクラッチがタイトな場合は後ろ・
前の腰切りを繰り返す、もしくは自分の絡まれていない足で
相手の足のクラッチを蹴り離して右膝を抜く。

📽 別角度でみる

▶ 腰切り+足で蹴る

動画はコチラ！

❸ルースパス（トレアドールパス）

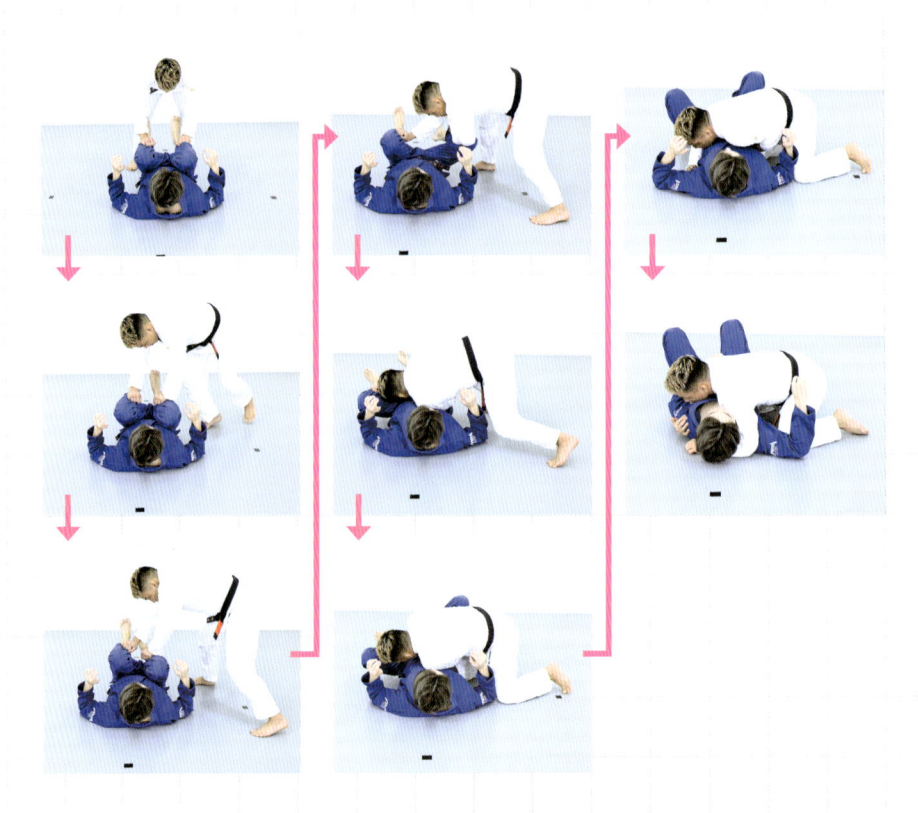

中腰もしくは直立ベースから、相手の両ズボンを持ったら足に体重を乗せてサイドステップする（P51）。両手でしっかりと相手が足回しできないようにフレームを作り、この時に相手の脛を押すようにすると、より相手の動きを制御できる。この形が出来たら相手に体重をかけていく（慣れない場合はマットに膝をついてもよい）。相手に体重をかけたら両膝をついて、相手の足に近い側の膝（右膝）を相手の腰の横に置く。同側の腕・肘（右腕・肘）で相手の腰を押さえてエビをさせないようにする。これが出来たらサイドポジションで抑え込む。

📽 別角度でみる

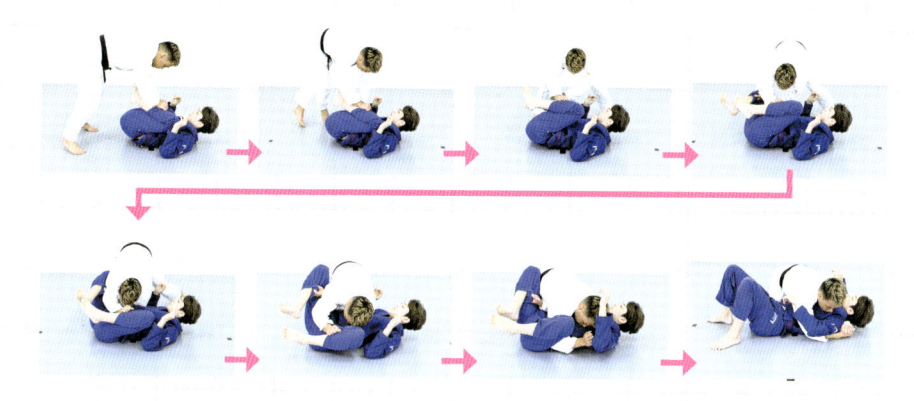

▶ 上四方まで回る

トレアドールパスの一種として、中腰もしくは直立ベースから相手の両ズボンを持たずに手で脚を押す。この場合は相手に体重を乗せず触る程度にして、斜めに踏み込むクロスステップ＝2ステップで相手の上四方まで回る。この時に相手の脚に触れている自分の両手をスイッチして（右手→逆手の左手、左手→右手）、相手の脚を押し出しながら斜めに頭を入れて上四方で抑え込む。

❹ルースパス（レッグドラッグパス）

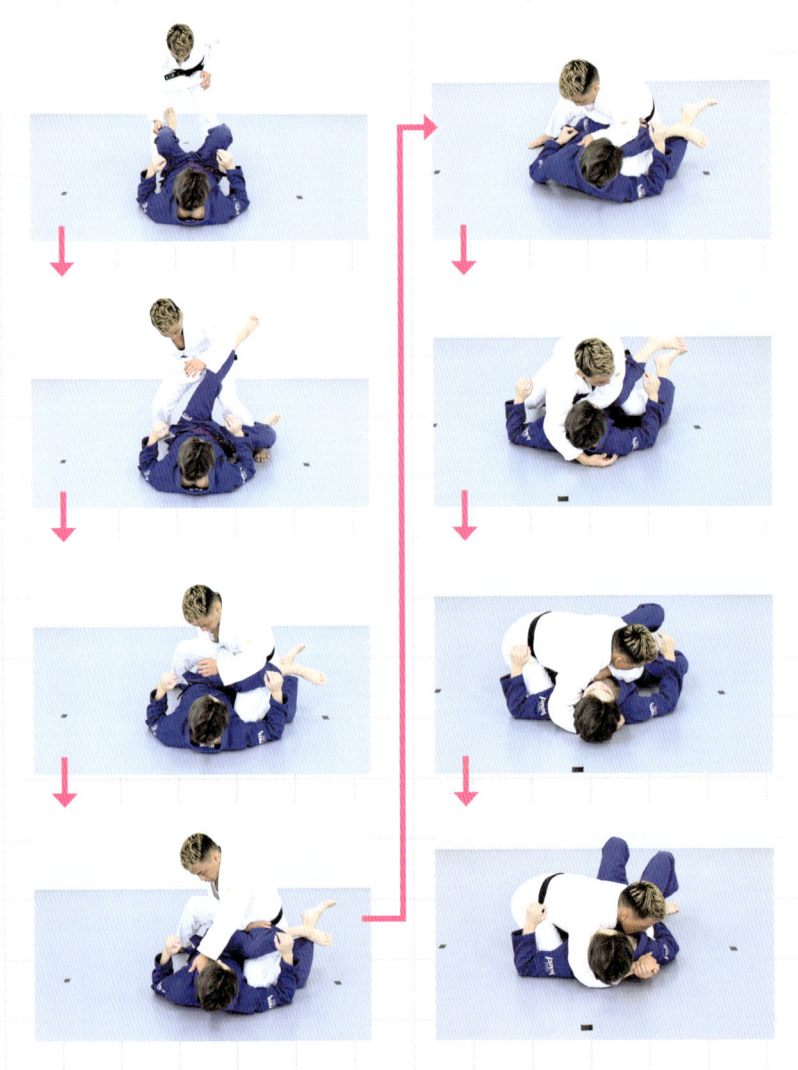

片方の手（右手）で相手の左脚のズボンの外側を持ったら、その脚を斜めに流す。
これと同時に右足を一歩外に踏み込む。この形が出来たら左膝をマットについて、
相手の右脚を潰す。左手で相手の対角の襟（左襟）を持って手前に引きつけながら、
左肘を相手の左太ももに落として相手の左脚の動きを止める。そこから右手で相手
の首を枕にとって、左脚抜いていきながら、サイドポジションで抑え込む。これは
相手の脚一本をコントロールするパスで様々な場面で有効なパスだ。

動画はコチラ！

📹 別角度でみる

動画はコチラ！

❺ルースパス（ニーオンザベリー系）

▶ 正調ニーオン

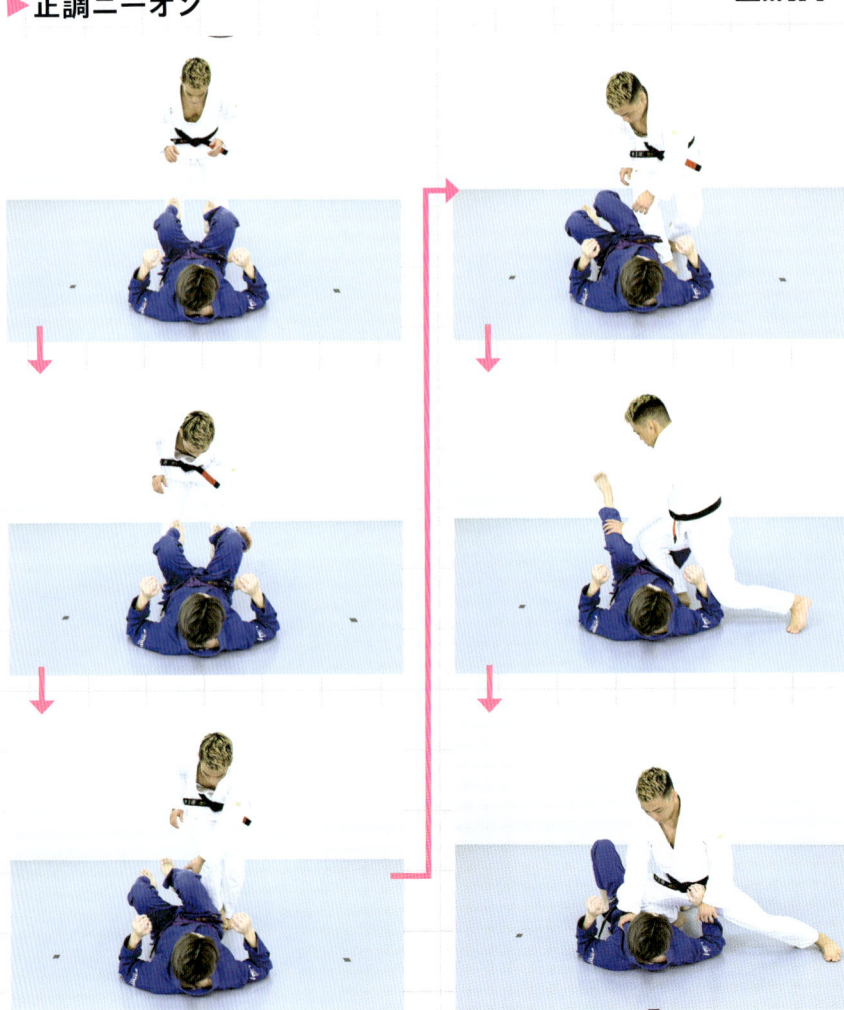

これはタイミングで決めるパスガードなので、あえて相手のズボンを持たないようにする。自分が回る方の手（左手）で、相手の右脚を流すように払いながら、右脚を入れてニーオンザベリーに入る。相手の脚が入ってこないように、やや相手の足側を見るようにする。自分の右脚で相手の右脚の侵入をブロックし、右手で相手の左膝を押さえる。このまま体勢を維持すればニーオンザベリーでポイントが入る。

▶📷 別角度でみる

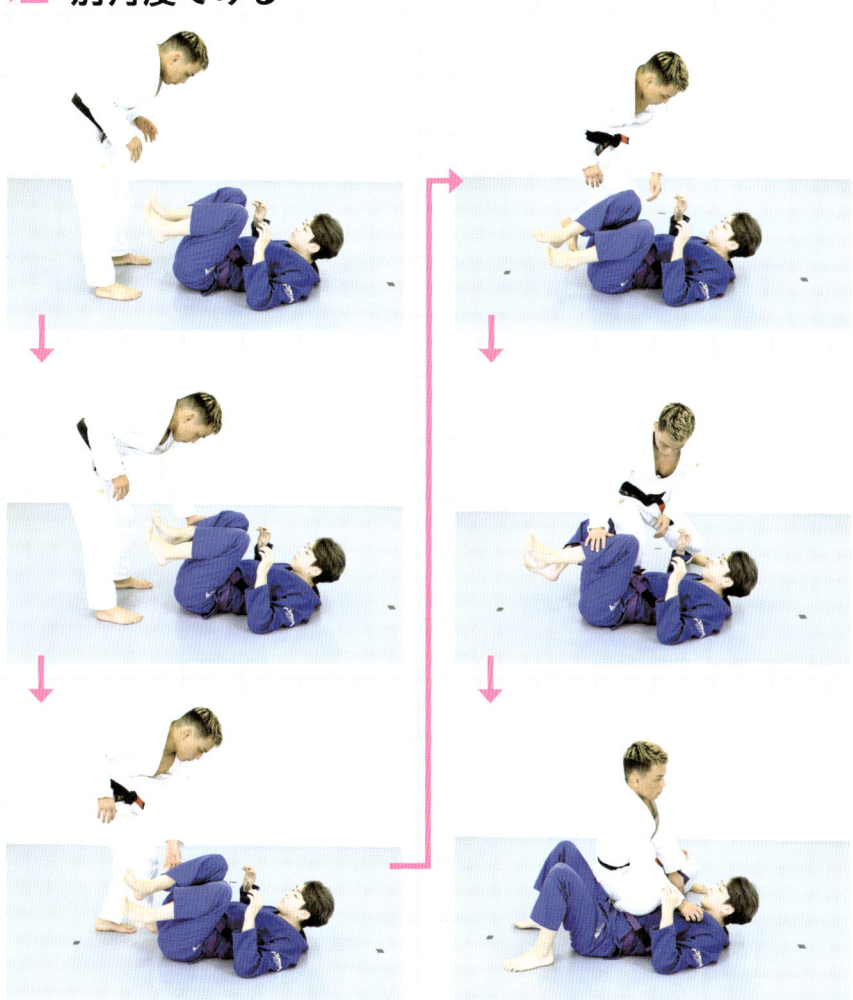

❺ルースパス（ニーオンザベリー系）

▶逆ニーオン

これは正調ニーオンとは逆の足で入るパターン。先ほどと同じ形で相手の足を払ったら、右足ではなく左足から踏み込んで右足を外にステップする。完全に相手の足側を向くように立ち、両手で相手の両脚の動きを止める。ここから正面を向いて右膝を置く正調のニーオン、もしくはサイドコントロールで抑え込む。

▶🎞 **別角度でみる**

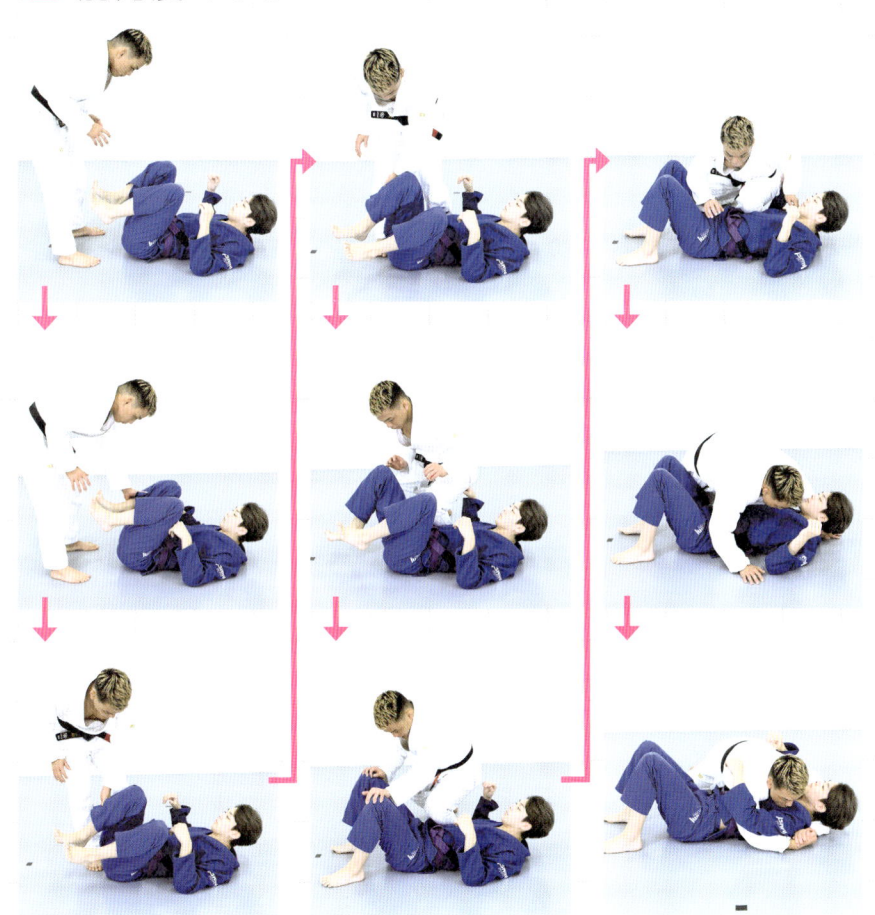

パスガード

❻相手のリアクションに 合わせたパスガード

動画はコチラ！

▶ タイトパス（ニースライス）→ ルースパス（トレアドール）

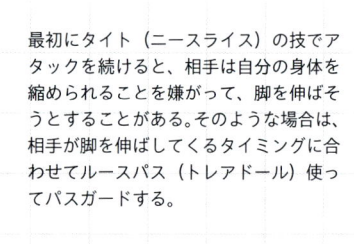

最初にタイト（ニースライス）の技でアタックを続けると、相手は自分の身体を縮められることを嫌がって、脚を伸ばそうとすることがある。そのような場合は、相手が脚を伸ばしてくるタイミングに合わせてルースパス（トレアドール）使ってパスガードする。

▶ ルースパス（トレアドール）→ タイトパス（担ぎ）

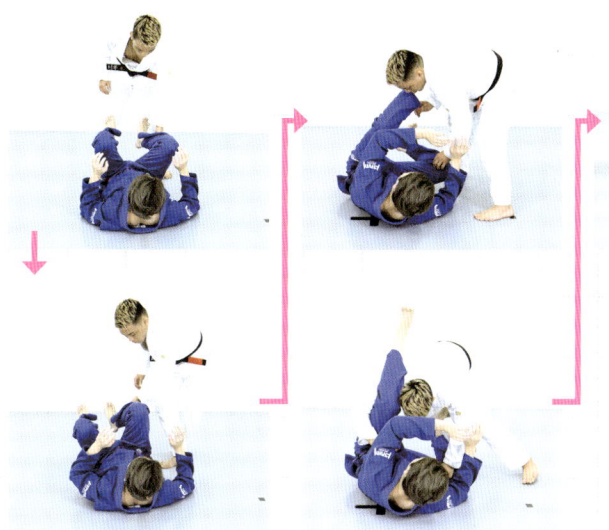

逆にルースパス（トレアドール）の技でアタックを続けると、相手が脚を伸ばされることを嫌がって、膝関節や股関節を屈曲させてくることがある。このような場合は相手が脚を縮めるタイミングに合わせてタイトパスは使ってパスガードする。

▶ タイトパス（ニースライス）→ ルースパス（ニーオン）

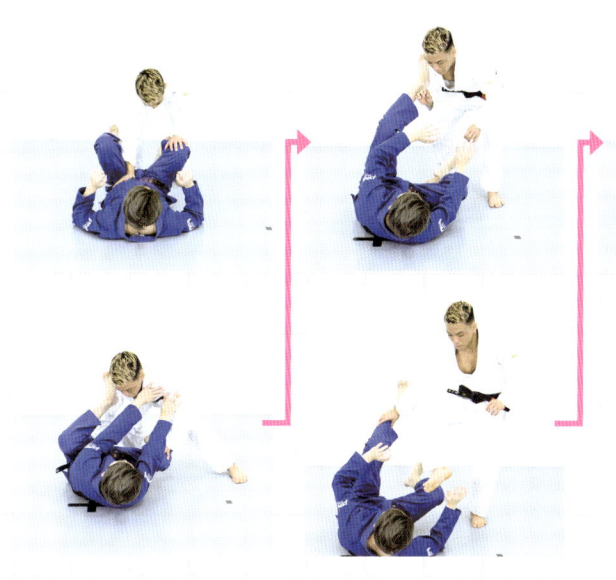

タイトパス→ルースパスのパターンとしてニースライス→ニーオンを紹介しよう。ニースライスパスを仕掛けて、相手が足を伸ばしてきたら、体を起こして距離を取って相手に近い足でステップして、そのまま正調ニーオンで抑え込む。このようにここまで紹介したタイトパスとルースパスを相手のリアクションに合わせて組み合わせることでパスガードの成功率を高められる。

ボトムで攻める基本的な考え方

パスガードが 2 種類のパスを使って技を成功させたように、
ボトムでの攻め、特にスイープでは相手のバランスをどう崩すか、
相手のリアクションに対してどう動くかがポイントになる

パスガードではルースパスとタイトパスの 2 種類を使ってパスガードを成功させるという考え方を説明したが、スイープでは相手を崩すこと、そして相手を崩す方向が重要になる。パスガードと同様にスイープを個々の技として覚えて、それを相手に仕掛けるのではなく、どの方向に崩すスイープかを理解して練習し、それをミックスして使うことがスイープを成功させるポイントだ。

スイープは大前提として「相手のバランスを崩してひっくり返す」というコンセプトがある。しかし多くの人は手順通りに技をかけていけばスイープが決まると考えてしまっている。手順通りに技をかけてもスイープができない時、それは相手のバランスが崩れていないことが多い。あえて大雑把に言うとスイープは相手のバランスを崩せるかどうかが全てだとも言える。

相手のバランスを崩す格闘技で参考になるものが柔道だ。柔道は相手を投げる競技だが、柔道にも崩し・作り・掛けという考え方がある。崩しは相手のバランスを崩して不安定な状態にすることで、作りは技の形に入ること。掛けは文字通り技を掛けて相手を投げるということだ。つまり相手のバランスを崩して、技の形に入って、技を掛けることで相手を投げることが出来るという考えだ。

この考え方はまさに柔術のスイープにおける考え方と同じだ。そしてスイープが上手くいかない選手のほとんどが崩しの部分が欠けていることが多い。スイープがバランスの崩し合いであることを理解し、相手を崩してから順を追ってスイープをかけることを意識しよう。

ではどうすれば相手を崩せるのか。そこで出てくるのが相手を崩す方向だ。例えば相手を後方に崩したいと思ったとき、後方にばかり崩そうしても相手にバランスをキープされてしまう。そこで後方に崩したい場合は、一度相手を前方に崩

　しておいて、バランスをキープしようとする相手の動きを利用して後方に崩す。
　柔道では八方の崩しというものがあり、これは前・後・左・右の４方向、右前隅（右斜前）・左前隅（左斜前）・右後隅（右斜後）・左後隅（左斜後）の４方向の合計８方向に相手を崩すというもの。柔術のスイープもこれと同じで相手を８方向に崩しつつ、相手がどちらの方向に動いてバランスをキープしようとするかを意識しよう。
　スイープに限らず、そして柔術に限らず、対戦相手と戦う格闘技においては、相手のリアクションがありきだ。相手のリアクションを無視して、まるで練習用のダミー人形に技を掛けるように指導する教則本や動画を見ることが多いが、試合やスパーリングではこちらが動くと相手は必ずリアクションしてくる。どんな技もリアクションありきで考えなければ実践的なものではないと言える。
　柔術にはたくさんの技が存在するが、あくまでそれは最終的にその技の形になるというもので、最初から形ありきで技が掛かるわけではない。どんな技を掛ける時でも相手のリアクションがあり、それに対して自分がどう動くかが重要になる。この本では極めてベーシックな技を紹介しているが、それは技を覚えてもらうことが目的ではなく、柔術が相手のリアクションありきで動くものだということを説明し、理解してもらうことが目的だからだ。

トップからの攻め＝パスガードなら、ガードからの攻め＝スイープが主になる。ここでは6つのスイープを紹介しよう。

❶ヒップスロー（クローズドガード）

FRONT

ヒップスローは相手を斜め後ろ方向に返すスイープ。クローズドガードから

肘エビ（P32）で体を起こし、

マットについた肘を手に変える。

ここで一瞬足のクラッチを外してマットを蹴り、肩ブリッジ（P42）と同じ動きをする。

相手に左腕をマットにつかれないように巻き取っていきながら、

相手を斜め後ろ方向にスイープする。

動画はコチラ！

解説抜き
動作のみの
動画はコチラ！

SIDE

❷巴投げ（片襟片袖）

FRONT

これは相手を前方に返すスイープ。
片襟片袖になったら

相手の腰を足で蹴りながら

襟を持っている側の足（右足）を相手の左
肩から右腰に変え、その動きの勢いで、自
分のお尻を相手の股の間に入れるようにず
らしながら

自分も一緒に後転して

相手の袖と襟を持って引きつけて
上に返す動きをする。

そのままスイープしてマウントポ
ジションを取る。

動画はコチラ！

解説抜き
動作のみの
動画はコチラ！

SIDE

❸シザースイープ（片襟片袖）

FRONT

シザースイープは横方向に返すスイープ。
片襟片袖の状態から

両足をハサミ（シザー）のように
交差させながら

エビ（P30）をして相手に角度をつけながら、相手の肩を蹴っている足（右足）を相手の腋（左腋）の下に入れる。

相手を横方向に返して

ここから左足を相手の右足にかけて、
両腕をハンドルのように回す。

スイープする。

動画はコチラ！

解説抜き
動作のみの
動画はコチラ！

SIDE

❹シザースイープ（スパイダーガード）

スパイダーガードの
状態から

右足を蹴って逆エビ（P26）
の要領で相手に対して角度
をつける。

片襟片袖からのシザース
イープ（P128）と同じく
手をハンドルのように回
し、脚を交差させて

片方の足（右足）を伸ばし

ここから左足を相手の右足
にかけて、

マウントを取る。

左足のフックを一旦外す。

右足を伸ばして相手の体を自分
の左斜め上へ引き上げる。これ
と同時に左肘をついて、相手の
右腕を引く。

動画はコチラ！

解説抜き
動作のみの
動画はコチラ！

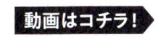

SIDE

❺ ドッグファイト（ハーフガード）

顎を引いて脇を閉めた
ハーフガードから

右肘をついて体を起こし

左肩を相手につけて左脇
を差す（P101）。

ここから相手を引き込んで

上の足（左足）で相手の
足（右足）を引いて

足を組み変える。

肘をついて体を
起こしていく

相手のサイドにつき

自分の頭で相手を
左側に押して

そのまま寝かせる

動画はコチラ！

🎥 別角度でみる
（逆側へのスイープ）

解説抜き
動作のみの
動画はコチラ！

▶ 逆側へのスイープ

ここで相手が体重を
乗せてきたら

 =

相手の左足を右手で

 =

相手の内側に入るように
回転しながら

 =

先ほどとは逆側にスイープ
する。

❻草刈り

片襟片袖から

自分の右手で相手の右足・アキレス腱を
フックする。

ここから右足を相手の左膝裏にかける。

右手は固定し、相手の腰にある足（左足）を蹴っ
て、相手の膝裏にかけた右足を引きながら

相手を後方に崩して

尻餅をつかせる

柔術立ち（P54）を使って
起き上がりつつ、

相手の足を引き上げるようにする。

動画はコチラ！

解説抜き
動作のみの
動画はコチラ！

▶🎥 別角度でみる

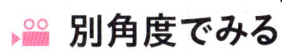

サブミッション

最後は相手からタップを奪うための絞め・関節技だ。この書籍では特にベーシックなものをピックアップして紹介したい。

❶十字絞め（クローズドガード）

クローズドガードから

ここで出来たスペースに右手を入れ、四指を襟の内側、親指を襟の外側にして掴む。ここから右手を深く入れてタイトに持ち、

いきなり右手で対角の襟を掴むのではなく、まず左手で相手の右襟を掴んで

相手の頸動脈に自分の右前腕が当たるようにして

大きく開く。

頭の位置を相手の右体側側から左体側側に移動し、左手四指を襟の外側、親指を襟の内側にして、相手の左襟を掴む。

動画はコチラ！

解説抜き
動作のみの
動画はコチラ！

POINT
襟を深く持って絞める

十字絞めを極めるためには右手を深く入れてタイトに持つことが必要だが、いきなりタイトに持つことは難しい。2回ほど左手で相手の襟を開いて右手を入れるという動作を繰り返して徐々に右手を深くしていく。

自分が相手に近づくようにして引きつけ絞める。

❷腕十字 (クローズドガード)

動画はコチラ！

腕十字にもいろいろな極め方があるが、ここでは最もベーシックなものを紹介しよう。クローズドガードから

自分の左足を相手の腰に置く。この時、左太ももを相手の右腕に密着させておく。

左手で相手の右袖を持ったら、相手の右手を対角方向（自分の右体側側）に引きつける。

左足で相手の腰を蹴り、右脚で相手の左腋を押し、頭の位置を相手の左体側側に移動する。

右手で相手の右肘をしっかりと固定して、

左足を相手の顔にかける。相手の右手親指が天井を向くようにし、両脚で相手の右腕を挟んで腕十字を極める。ここでブリッジする人も多いが、ブリッジは相手に潰されるリスクがあるので、自分の両膝を屈曲させつつ、腿裏で相手の頭を押し込むようにして極めるとリスクが少ない。

解説抜き
動作のみの
動画はコチラ！ ▶

▶⚇ 別角度でみる

❸三角絞め・ オモプラータ（片襟片袖）

動画はコチラ！

▶三角絞め

片襟片袖から、

相手に正面になるように移動し、相手の腰と右肩に対してブリッジをしながら、相手の右袖を引く。

ここからまず左足を相手の右腋の下にかける。先に首側の足＝右足をかけると、相手に頭を上げられたり、担ぎパスのカウンターを受けるリスクがある。このセットアップが完了したら

右足を入れて両脚をいったん四角（足首がクロスする菱形のかたち）に組む。

脚を組んだら相手の右腕を対角方向（自分の右腋側）に引き、

左手で自分の右脛を掴む。この時、自分の右膝と相手の頭が同じ高さになるようにする。

別角度でみる ▶脚を深く組む

左足で相手の腰を蹴りながら

頭の位置を相手の左体側側に移動し

左手で自分の右脛を引きつけながら
右膝を深く曲げる

右脚に左脚を組んで三角絞めの形を作る。この時に相手の右肩が隠れるように足を組む。

頭を引いて三角絞めを極める。

解説抜き
動作のみの
動画はコチラ！

❸三角絞め・オモプラータ（片襟片袖）

▶ **オモプラータ**

相手の右腰と左肩を支点に相手を引きつけ、相手の右袖を自分の左腋方向へ引く。

足回し（P24）をして、左足を相手の肩口までかける。

手エビ（P34）を使って体を起こし、

左足を深く入れて

ここで両脚を組む。相手に前転されないように左手で相手の帯を持って引きつける。

左手で相手の腰を抱えて、手エビ（P34）をして身体を側方に移動し、相手の右肩がマットにつくようにする

相手の右腋の下にかけて、相手の動きを制する。

ここから肘エビ（P32）、

相手の腕に体重をかけて極める。

別角度でみる

❹三角絞め（スパイダーガード）

スパイダーガードで

右足を伸ばして

左手で相手の右袖を引きつけつつ左足を蹴り出し、相手の右手のグリップカットが出来たら

相手の左手に対してブリッジ（P40）するようにしながら

左足を相手の右腋の下に入れる。

これで相手の上体をロックしたら両脚を組む。

ここからは片襟片袖で同じ形で三角絞めを極める。

POINT
脚をいったん四角に組む

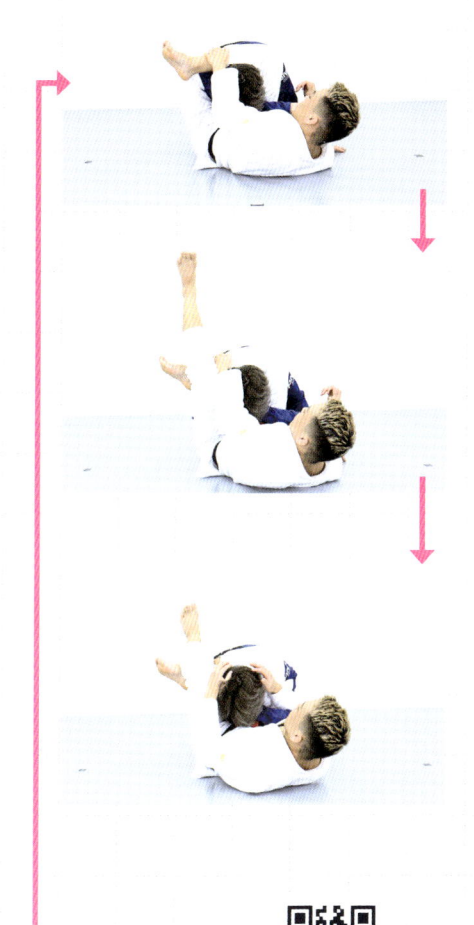

動画はコチラ！

解説抜き
動作のみの
動画はコチラ！

タップは恥ずかしいことではない
強くなるための第一歩

　柔術で絞め技や関節技を極められた時に、自分が負けを認めるタップ（ギブアップの意思表示）があるにも関わらず、練習や試合で相手に負けたくないがあまりにタップせず、技を我慢して怪我する人が少なくありません。

　ずばり私はタップせず技を我慢することはマイナスでしかないという考えです。私のように黒帯で大会に出ている現役選手であっても、試合でタップせず技を我慢した先に何があるのだろう？と思います。仮にタップせずにトーナメントで優勝できたとしても、その試合で怪我をして1年以上柔術ができなくなったら、タップしないことにそこまでの意味があるのかと疑問を持ちます。

　そもそもタップするかどうかのところまで技に入られてしまったら、その時点で技術的には完敗です。タップしないことは技術を競っているのではなく我慢しているだけの話です。相手にやられたくなかったら我慢ではなく、自分の負けやミスを認めて次はやられないようにディフェンスを覚える。その場の勝ち負けだけにこだわるよりも、技術を伸ばすために時間を使うことが強くなる秘訣です。タップすることは恥ずかしいことではありません。等身大の自分自身と向き合い、自分を客観的に見て強くなるために必要なことです。

　タップの重要性は本書で説明している柔術における守り→制御→攻めという考え方にもつながります。柔術では攻めを覚えることで楽しさが増しますが、初心者がスパーリングで攻めるシチュエーションになることは簡単ではありません。まずは守りが出来て、制御が出来て、攻めへと転じることが出来ます。相手に技を極められてタップしても、その先にある防御を覚えることが重要です。

　またソロムーブを反復練習し、各テクニックやポジションに対するディフェンスやエスケープを身につけることで、技の原理や原則が理解できます。例えば腕十字を極める時、どこを固定してテコの原理が働くかを理解すれば、自分が極めるだけでなくポイントをずらして防御することが出来ます。この理屈を知らずに力任せに逃げたり、ただただ我慢するだけになると、それだけ怪我のリスクが高まります。

　柔術を長く続けるという意味でも、各テクニックやポジションに対するディフェンスやエスケープを覚える。そのためにも恥ずかしがることなくタップしましょう。タップすることは強くなるための第一歩です。

図説編 2

第4章

【1】柔術は考えることで強くなる

柔術ではフィジカル的な強さ以上にロジカルな思考を持って、テクニックを駆使して戦うことが強さにつながる。柔術において「考える」ことは重要だ。

私は柔術において考えることを大事にしています。

柔術を始める人の多くが30代から40代で、普段は仕事をしながら空いている時間にジム（道場、アカデミー）に来る人がほとんどです。そういった限られた練習時間で強くなる人に共通して言えるのは、みんな考えて練習しているということです。

ジム以外でたくさん柔術の動画を見ていたり、たくさんメモを取っていたり、ジム以外でも強くなるために何ができるかを考えています。

例えば1回の練習が2時間だとしたら、その時間を増やすことは難しいかも

レッスン中にディスカッションを行う著者。

しれません。ただし練習内容の予習・復習をしておくことで、同じ2時間でも練習内容の密度が変わります。ジムでの練習時間はもちろん、それ以外の時間を使って、どうすればより効果的な練習ができるかを考えることが上達につながると思います。

　柔術は他の格闘技に比べると複雑なもので、テイクダウンする、パスガードする、抑え込む、ポジションを取る、引き込む、スイープする、サブミッションを極める……など、やることが多く、それに応じてポイントも変わります。

　柔術は自由度が高くて複雑な分、選手それぞれが勝つために何をすべきかを考える、ロジックの部分が求められます。そしてロジックが求められるからこそ、フィジカル的な強さに頼らなくてもテクニックや戦術を駆使して相手に勝つことが出来るのです。

　また柔術の戦い方やファイトスタイルは千差万別で、同じ競技をやっている選手とは思えないほど、選手によって動きが変わります。それだけ柔術にはその選手に合った技や戦い方が存在し、必ずどこかに自分が強くなるための技や戦い方があると言えます。

　私の最初の先生はネックススポーツの梅村寛先生で、先生はまず反復練習をして動きを体に覚えさせるという指導方針でした。ジムに入門した当初の私は日付が変わる頃まで、ひたすら先生に教えてもらった技を反復していました。当時は訳も分からずただ練習するだけだったのですが、そこでいろんなことを考えるようになり、技の仕組みや理屈が分かってくると、自分の柔術の上達も分かるようになりました。この時に練習したことは自分の基礎になっており、梅村先生には感謝しています。

【2】戦術・戦略で柔術をハックする

柔術が考えて強くなる格闘技だからこそ、どんな戦術・戦略を練って試合に臨むかが重要になる。そのためのヒントはいろんな場所に転がっている。

　もともと私は野球をやっていて、その当時から相手の守備シフトを見てどういう意図で守っているのかを読んだり、ピッチャーの癖を見て盗塁をしたり、ハックする（効率化する）ことが好きでした。

野村克也さんや古田敦也さんの本もよく読んでいましたし、腕力や体力で勝てないのであれば、頭を使って勝つことを意識していました。私の場合はその意識が柔術にはまった部分は大いにあると思います。

　柔術を始める前にMMAの練習をやっていたこともあるのですが、私がMMAの道を断念した理由がずばぬけた運動神経やフィジカルを持った選手には勝てないと思ったからです。逆に柔術は戦術や戦略を立てれば、そういった相手にも勝てる。

　しかも柔術は帯別で、5歳刻みでカテゴリーも分かれているので、始める年齢が遅くても試合で勝てる、日本チャンピオンになる要素もたくさんあります。始める年齢や格闘技経験の有無に関係なく強くなれるもの、それが柔術だと思っています。

　また私は柔道やレスリングといった他競技の選手・指導者とも積極的に交流す

2004アテネ五輪100キロ超級で金メダルを獲得し、2024パリ五輪では男子チーム監督を務めた柔道家・鈴木桂治氏とYouTubeチャンネルでコラボ。収録のなかでも学びを得る。

るようにしています。それは競技的な動きのエッセンスを学ぶことができるのみならず、柔術は歴史の浅い新しい格闘技なので、確立されていない・言語化されていない部分が多く、逆に柔道やレスリングは競技の幹となるものが確立されているので、そういった話を聞くと非常に勉強になるからです。

　私自身、柔術においてもそういった普遍的なものを確立させたいですし、この本ではそこに触れた内容になっていると思います。

【3】スパーリングは相手ではなく　　　自分との戦い

**　ジムで普段から行われているスパーリングだが、どんな目的を持ってスパーリングをするかで、その意味が変わってくる。強くなることに直結するスパーリングとは？**

　私が指導していて上達が遅い人はスパーリングでいつも同じことを繰り返していて、動きそのものがアップデートされていないことが多いです。練習が練習ではなく、ただ体を動かす運動になってしまっているのです。

　またスパーリングで相手にやられてしまい、スパーリングそのものが楽しくないと思っている人も多いと思います。私がそういう人にアドバイスするのが「スパーリングする前に自分だけの課題を持つ」ということです。

　例えばあなたが誰とスパーリングをやっても一方的にやられてしまうとしましょう。そういう人は「一度でもいいから相手をクローズドガードに入れること」を目標にして、それを達成するためにスパーリングを頑張る。もしそれが出来れば、仮に一方的にやられたとしても、その日のスパーリングの目標は達成です。

　それが出来たら次は「スパーリングした相手を全員クローズドガードに入れること」という新しい目標を設定してスパーリングに臨む。これを繰り返して少しずつ目標設定を上げていくわけです。

　私自身、この目標設定を大事にしてスパーリングを続けていました。それこそ白帯時代はいつも茶帯の先輩に一方的にやられていたので「今日は5回極められたけど、明日は4回になるように頑張ろう」と思って練習して、それが4回から

3回、3回から2回……と回数が減っていき、極められなくなった頃には自然に自分が攻撃できるようにもなっていました。

　スパーリングは勝ち負けではなく、自分の目標を達成できるかどうか。そこに視線を向けるだけで、やられているだけのスパーリングが自分が強くなるためのスパーリングに変わります。

【4】教則動画は　　強くなるために不可欠

　現代柔術において教則動画の進化が著しい。数多くの教則動画があるからこそ、自分に必要なものをどうチョイスするかも重要だ。

　柔術では現役のトップ選手から、一線を退いた名プレイヤーまでたくさんの柔術家が教則動画を発売しています。柔術はジム内だけで教わったテクニックで完結することは少なく、多くの指導者や選手が教則動画から新しい学びを得て、自身の指導や練習に生かしています。

　柔術の教則動画は、この20年で大きく様変わりしました。かつては、ブラジル人選手のDVDをポルトガル語で見ながら、動きの意図を必死に理解しようとしていた時代がありました。当時の選手たちは言葉は分からなくても、画面に映

本書のリハーサル撮影の様子。説明する内容を記したメモを傍らに、当時妊娠5ヶ月であった遥希夫人を受け役に実演を行う著者。

る技の細かな動きを何度も巻き戻して研究したそうです。

しかし、スマートフォンの普及とインターネットの発達は、柔術の学習環境を劇的に変化させました。また世界で活躍する日本人選手が増えたことで、日本語による質の高い教則コンテンツも充実してきました。母国語で細かいニュアンスまで理解できることの意義は計り知れません。

現代の教則動画の特徴は、その利便性にあります。ストリーミングサービスで見たい技術だけを選んで視聴でき、通勤電車や休憩時間にスマートフォンで手軽に学習できます。気になる箇所は何度でも繰り返し確認でき、スロー再生で細部まで観察することも可能です。

さらに、SNSの発達により、教則動画の講師と視聴者の距離も近くなりました。分からない点があれば直接質問でき、講師からの回答を他の学習者と共有することもできますし、場所が許せばプライベートレッスンを受けることもできます。この双方向のコミュニケーションは、かつて教則DVDでしか他のジムの指導者や選手のテクニックを学ぶしか方法がなかった時代から考えると、非常に革新的だと思います。

教則動画そのものの内容も多様化しています。上級者向けの専門的なテクニックだけでなく、柔術を始めたばかりの初心者向けの基礎シリーズや、特定の体型や年齢層に特化したコンテンツも増えています。誰もが自分に合った学習材料を見つけられる時代になったのです。

私は「BJJ LAB」という教則動画の制作会社を運営していますが、その根底にあるのは「ジムの広さを超えて貢献したい」という想いです。実際のジムでは、時間や場所の制約により、限られた人数にしか指導できません。しかし、オンラインコンテンツであれば、より多くの柔術家に技術を伝えることができます。また教則動画の収益で出演講師は選手活動を広げることもできます。

教則動画は実際の練習の代わりにはなりませんし、ジムで指導者から直接教えてもらうよりは理解が難しいかもしれませんが、練習の質を高め、技術の理解を深める強力なツールとして、現代の柔術家にとって不可欠な存在となっています。今後も技術の進歩とともに、さらに革新的なテクニックが教則動画を通じて広まっていくはずです。

この本にも教則動画をつけているので、本と動画を併用して練習に活かしてもらえると幸いです。

シチュエーションスパーにこそ
実戦的な技術が埋もれている

　特に制限を設けないフリースパーリングでは、どうしても自分が得意な展開や慣れた動きばかりになりがちです。しかし試合では自分が苦手なポジションや慣れていない展開に直面することが少なくありません。そのため、私はポジションや局面を決めて行うシチュエーションスパーリングを取り入れることを強く推奨します。

　私はクラスで新しいテクニックを指導した際、必ずそのテクニックを使える状況でのシチュエーションスパーをやってもらいます。そのシチュエーションスパーの中で教えてもらったテクニックを使えたのであれば新しい技を覚えることになりますし、仮に使えなかったとしても、なぜ使えなかったかを考えるきっかけになるからです。

　柔術には無数のポジションとテクニックが存在します。例えばマウントポジションからスタートし、1分半ごとに上下を交代するシチュエーションスパーを行うと、試合でマウントを取られた際も冷静に対処できるようになります。普段の練習でマウントを取ることはあっても取られる練習が不足していると、いざ試合でマウントを取られたときにどう逃げていいか分からず、敗北に繋がることが多いのです。

　逆にマウントを取った場合の練習をしていないと、せっかくマウントを取っても何をしていいか分からないまま、ポジションを返されたり、チャンスを逃してしまうことになります。

　全てのシチュエーションにおいて完璧な技術を習得することは難しいですが、どんなシチュエーションがあって、そこでどんなテクニックが使えるかを知っておくことが非常に重要です。

　試合や出稽古などで初めて手を合わせる相手と対戦する・スパーリングすると、普段以上に疲労を感じることがあります。これは心理的な緊張だけでなく、相手の予想外の攻防に対応するために運動量や思考を多く使うからです。ジム(道場、アカデミー)で同じ相手とばかりスパーリングしていると、相手の癖や得意技が分かりやすく、相手の力量や動きを把握した状態でのスパーになり、せっかくのスパーが実戦的なものではなくなってしまいます。

　普段の技術練習に加えてシチュエーションスパーを取り入れ、苦手なポジションや不利な状況での対応力を高めることで、試合や未知の相手と戦う際にも冷静で柔軟に戦うことが出来ます。シチュエーションスパーにこそ実戦的な技術があると言えるでしょう。

第5章

「90日後に試合で勝つ」カリキュラム

柔術未経験者が90日後に試合に出て勝つ方法

☐ 年齢は30代中盤

☐ 格闘技経験はなし

☐ 社会人で練習は週3回

90日後に試合に出て勝つ!!

第2章で紹介した「ソロムーブ＆ペアドリル」（P19〜P55）はウォーミングアップとして、3カ月間は毎練習時に必ず行いましょう。

そのソロムーブとペアドリルと並行して、最初の1カ月間は「トップでの守り」（P62〜P69）と「ボトムでの守り」（P70〜P71）とを集中的に練習する。「ボトムでの守り」はソロムーブ＆ペアドリルと重複するものですが、ペアドリルの際の相手のアクションを少し大きくしてもらい、通常のソロムーブ＆ペアドリルよりもやや実践的になるようなイメージで反復してください。

最初の1カ月で守りをしっかり覚えることが出来たら、試合になっても最低限やられる・ポイントを取られるリスクは少なくなっているはずです。

そしてこの1カ月間でボトムとトップ、どちらの方が自分にとって得意な動きかが分かると思うので、次の1カ月間ではボトムかトップどちらかを選択して「トップでの制御」（P72〜P85）or「ボトムでの制御」（P86〜P101）の練習、最後の1カ月間ではその流れで「トップでの攻め」（P102〜P121）or「ボトムでの攻め」（P122〜P145）の練習をして試合に備えましょう。

3カ月という限られた期間でトップとボトムの両方の制御と攻めを覚えることは時間的に難しいので、ここは自分が得意な方・自分に合っている方を選択して

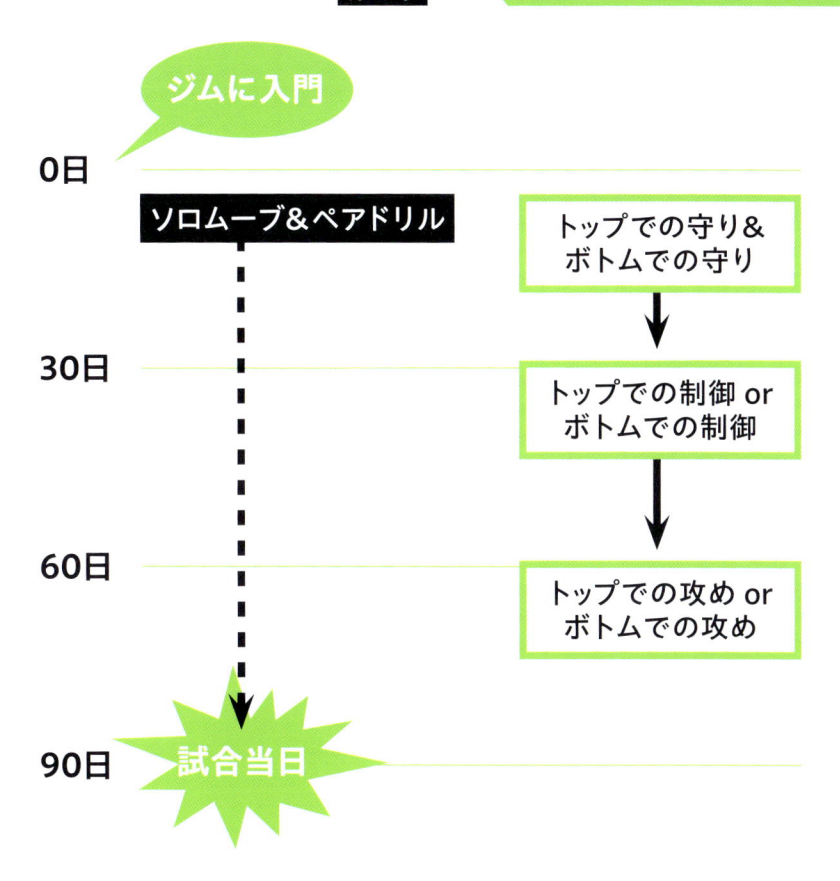

制御から攻めまでの流れを覚えるといいと思います。

　柔術の基本的な動きであるソロムーブ＆ペアドリルを反復し、トップ・ボトムでの守りを覚えて相手にポイントを与えない。そして自分の得意な動きを見つけて制御から攻めまでの流れを身につける。これが出来ていれば、試合に出るための最低限の技術と準備は出来ると思います。

　ちなみに僕は青帯や紫帯時代に、技を限定して強化する期間を設けたり、自分が決めた技だけで勝つというテーマを持って試合に出たりしていました。これは柔術に限らずですが、大雑把な目標を決めるのではなく、より具体的に細かい目標を決めた方が目標達成のための努力も明確になります。

　ここでは「柔術未経験者が90日後に試合に出て勝つ」ことをテーマにしていますが、ぜひみなさんもそれぞれの目標を立てて、それを達成するために柔術を楽しく学び、そして練習してください！

おわりに

　私は柔術以外の格闘技経験がありません。

　大学入学後に柔術を始め、毎日ひたすらソロムーブと打ち込みを繰り返し、スパーリングの度にタップし、どうすれば強くなれるのかを先生や先輩に聞きながら、自分なりに考えて練習を続けてきました。

　その結果、キッズから柔術を始めた選手に勝つことが出来たり、黒帯を取得して全日本選手権で優勝することが出来ました。

　そんな私が技術書を作るにあたり、伝えたかったことが柔術の技ではなく、柔術の考え方です。

　技にはこうでなければいけないという絶対的な形があるわけではなく、指導者によって異なります。その一方で技の原理や幹となる理論があります。

　本書では技術的な"各論"よりも、運動経験や格闘技経験のないキッズ・ジュニア、学生、社会人のみなさんが柔術を始めるにあたって知っておいてほしい"総論"をまとめた内容になっています。

　私も日々柔術を学び続ける身ですが、約10年の競技生活で培ってきた考えや上達するために必要な練習法や取り組み方を余すことなく全て記しました。

　これから柔術を始めようとする人はもちろん、今柔術をやっている人が何かに行き詰まった時に参考にしてもらえる、そんな内容になったと思います。

　この本が柔術を学ぶ皆様の柔術ライフに役立つことが出来たら幸いです。

2025年春

竹浦正起

著者PROFILE

竹浦正起（たけうら・まさき）◎1995年2月19日生まれ、愛知県岩倉市出身。CARPE DIEM MITA所属。野球を経験したのち、大学生時よりブラジリアン柔術に取り組み、25歳で黒帯を取得。学習指導塾にて6年間、教鞭を執った経験を活かし、大人から子どもまで幅広く指導を重ね、3年連続でJBJJFの全日本キッズ選手権団体優勝、キッズの世界選手権でも世界チャンピオンを輩出。2022年JBJJF 全日本ノーギ選手権優勝（フェザー級）、2023年JBJJF第8回全日本ノーギ柔術オープントーナメントフェザー級優勝、無差別級準優勝ほか競技実績を誇り、朝倉未来、皇治といったプロファイターたちを指導。

動画(QRコード)でよくわかる！格闘技

ブラジリアン柔術

動画サイトでは公開されない本当に必要な技術

2025年3月31日　第1版第1刷発行
2025年4月7日　第1版第2刷発行

著　者	竹浦正起
発行人	池田哲雄
発行所	株式会社ベースボール・マガジン社

〒103-8482
東京都中央区日本橋浜町2-61-9　TIE浜町ビル
電話　　　03-5643-3930（販売部）
　　　　　03-5643-3885（出版部）
振替口座　00180-6-46620
https://www.bbm-japan.com/

印刷・製本　共同印刷株式会社
©Masaki Takeura 2025

Printed in Japan
ISBN　978-4-583-11748-5 C2075